beck'sche reihe

bsr

In Zeiten der Krise können wir von den Stoikern lernen. Ihre Kunst der Seelenruhe bestand darin, sich innerlich von allem loszusagen, was uns vom Schicksal genommen werden kann. Nicht Untätigkeit war das Ergebnis dieser Haltung, sondern neue Energie und Erfolg. Andreas Urs Sommer zeigt in seinem glänzend geschriebenen Buch, wie der stoische Glücksweg auch heute beschritten werden kann. Er erprobt ein neues stoisches Denken, das die Vergänglichkeit aller Dinge nicht als Bedrohung, sondern als Chance erkennt. Dass wir eines Tages sterben müssen, sollte uns *gelassen* machen. Und der Verzicht auf endgültige Gewissheiten kann uns zur *Weisheit* führen – und zur Seelenruhe.

Andreas Urs Sommer, geb. 1972, lehrt Philosophie an der Universität Freiburg im Breisgau und ist Nietzsche-Kommentator bei der Heidelberger Akademie der Wissenschaften. In der Beck'schen Reihe erschien von ihm bereits «Die Kunst des Zweifelns» (2. Auflage 2007).

Andreas Urs Sommer

Die Kunst der Seelenruhe

Anleitung zum stoischen Denken

Verlag C. H. Beck

1. Auflage. 2009

Originalausgabe

2. Auflage. 2010

Gesetzt aus der Stempel Garamond
Druck- und Bindung: Druckerei C. H. Beck, Nördlingen
Umschlaggestaltung: malsyteufel, willich
Umschlagbild: Fresko in der Casa degli Uccelli, Pompeji
Foto: Scala, Florenz
Printed in Germany
ISBN 978 3 406 59194 5

www.beck.de

Nichts Besseres hat das ewige Gesetz
geleistet, als dass es uns einen einzigen Eingang
in das Leben gegeben hat, Ausgänge aber viele.

Seneca, Briefe an Lucilius 70, 12

Inhalt

Im Vorfeld

Die Seelenruhe ist keine Kunst. Zumindest keine Kunst, die sich aus- und einüben lässt wie die Kunst des Ackerbaus, die Kunst des Geldausgebens oder die Kunst, sich auf schmerzlose Weise das Leben zu nehmen. Seelenruhe ist keine Tätigkeit, sondern ein Zustand, der die Folge einer Tätigkeit, einer Kunst ist. Vielleicht gibt es also eine Kunst, Seelenruhe zu erlangen. Jedenfalls haben die antiken Stoiker – die Anhänger einer um 300 v. Chr. entstandenen Philosophenschule, benannt nach einer bemalten Säulenhalle in Athen, der Stoa poikile – die Auffassung vertreten, Seelenruhe sei lehr- und lernbar. Ist das der Grund, weshalb Gustave Flaubert schlicht meinte, Stoizismus sei «unmöglich» (Flaubert, 1022)? Immerhin teilten die Stoiker die Auffassung, Seelenruhe sei lehr- und lernbar, mit konkurrierenden Philosophen, etwa mit den Epikuräern und den pyrrhoneischen Skeptikern.

Über den Begründer der Stoa, Zenon von Kition (ca. 333–264 v. Chr.), wird berichtet, «er habe das Orakel befragt, was er tun müsse, um sein Leben aufs beste zu gestalten, worauf der Gott die Antwort erteilt habe, er müsse sich mit den Toten paaren; dies verstand er richtig und legte sich auf das Studium der Alten» (DL VII 2, Bd. 2, 7). Wäre es also geboten, sich mit Toten zu paaren, wenn man Seelenruhe erlangen will? Man könnte ja zumindest die Schriften der antiken Stoiker studieren. Chrysipp von Soloi (ca. 281–208 v. Chr.), ein späteres Haupt der Schule, soll «in tausend Zeilen die Anweisung» gegeben haben, «auch die Gestorbenen zu verzehren» (DL VII 188, Bd. 2, 97). Aber wir sind unsicher geworden, ob uns die Alten noch etwas zu sagen haben, ob wir sie überhaupt noch verstehen. Allen humanistischen Sonntagsreden zum Trotz zögern wir, ob wir uns wirklich mit ihnen paaren sollen, um einer so nebulösen Sache wie der Seelenruhe teilhaftig zu werden. Eine Spur von Leichenfledderei, von Kannibalismus bleibt haften, wenn man die Schriften längst verblichener Autoren daraufhin durchsieht, was an ihnen «verwertbar» ist.

Ist Seelenruhe noch zeitgemäß? Oder ist sie ein altertümliches Wort für etwas, woran einem in Zeiten der Krise durchaus liegt – nämlich an einem Gleichgewicht des Gegebenen, an einer Ausgewogenheit innerer und äußerer Dinge, schlicht an Ruhe? «Ruhe ist die erste Bürgerpflicht», hieß und heißt es in Krisenzeiten. Das allgemeine Schadensrisiko, das man in westlichen Gesellschaften während der letzten Jahrzehnte gering zu schätzen begann – «was kann mir, werde ich nicht gerade vom Blitz getroffen, eigentlich passieren?» –, meldet sich derzeit zurück. Das Risiko besteht, alles zu verlieren – zuerst das ökonomische Rückgrat der Existenz: Job, Gehalt, Ersparnisse, sodann das soziale Netz: Familie, Freunde, schließlich den inneren Halt.

Aber Vorsicht: Dieses Buch ist kein Rezeptbuch, wie man sich erfolgreich gegen alle möglichen Beunruhigungen schützt. Eher ist es eine Schule der Beobachtung und der Erprobung: Es beobachtet Verhaltensweisen unter dem Vorzeichen der Beunruhigung und erprobt, wie stoisches Denken mit solchen Verhaltensweisen umzugehen empfiehlt. Gegenstand der Beobachtung ist Herr N., ein Mann in mittleren Jahren, mit sich und seinem Leben im Unreinen, unentwegt auf Umgestaltung bedacht. Herr N. ist kein philosophierender Zeitgenosse, was die gewitzte junge Dame bedauert, die Herrn N.s Leben einer philosophischen Diagnose unterzieht, ohne dass Herr N. von diesen Bemühungen auch nur das Geringste erfährt. Die Diagnostikerin verfügt über einschlägige Schulung und erweist sich als beredte Sachwalterin der antiken Stoa. Sie ruft die Lehren der Alten in Erinnerung und überprüft ihre Anwendbarkeit auf Gegenwartsfragen, als Antworten auf Gegenwartsbedürfnisse. Paroli bietet der Diagnostikerin ein älterer, gelegentlich zur Rechthaberei neigender Feuerkopf, der nicht nur die stoische Lehre modernisieren will, sondern das von ihm Gesagte statt als Diagnose als Therapie versteht. Aber es bleibt offen, ob diese Therapie anschlagen kann, denn Herr N., um dessen Leben die Überlegungen kreisen, weiß nichts von den therapeutischen Anstrengungen in seiner Sache. Er lebt sein Leben, wie er es zu leben für gut befindet, unbekümmert um geistigen Beistand.

Die vorgeführte Situation ist symptomatisch: Selten genug muss Philosophie ihre Praxistauglichkeit tatsächlich unter Beweis stellen. Nicht an Herrn N. ist es, zu testen, ob die alte oder die neue stoische Philosophie etwas taugt, sondern an Ihnen, liebe Leserin, lieber Leser. Was vermag der philosophische Blick bei der Beobachtung eines Menschen zu erkennen, was zu diagnostizieren, was zu therapieren? Die Versuchsanordnung dieses Buches lässt sich von der Frage leiten, ob Philosophie als Medizin taugt. Immerhin heißt es, Philosophie sei die Medizin des Geistes, *est enim animi medicina philosophia* (Cicero III 3, 6).

Die stoische Philosophie ist schon zu ihrer Entstehungszeit im Hellenismus mit einem umfassenden Heil-Anspruch aufgetreten, nämlich nicht nur das wahre Wesen der Welt und des Menschen erkennen, sondern aus dieser Erkenntnis auch klare Vorgaben für das menschliche Handeln ableiten und es kurieren zu können. Die Stoa der Antike, deren Ausläufer bis in die späte römische Kaiserzeit reichen, hat das Geschäft der Philosophie in drei Felder unterteilt, die sie Logik, Physik und Ethik nannte und in strenger Relation zueinander dachte. Wenn die Stoa heute vor allem noch für ihre Ethik berühmt ist, so hat sie diese

Ethik ursprünglich doch fest angebunden wissen wollen an das als allgemein gültig gedachte Gesetz der Natur, an die Allwirksamkeit des Logos, der Vernunft. Diese Vernunft soll das Weltganze, den Kosmos, lenken. Sie gebietet ein «naturgemäßes Leben» – wie immer das im Einzelnen zu verstehen ist.

Die Strenge, die der stoischen Ethik nachgesagt wird, entspricht der Strenge und Geschlossenheit der antiken stoischen Philosophie als ganzer: Sie ist ein entschlossener Rationalismus, eine Vernunft-Einheitslehre, die das Individuum als vernünftiges oder doch wenigstens vernunftfähiges Wesen niemals aus der Pflicht entlässt, das Vernünftige zu tun. Zweifel daran, was denn das Vernünftige sei, nisten sich beim antiken Stoiker kaum ein. Mit seiner Pflicht hadert er nicht.

Überhaupt ist Pflicht ein wesentliches Stichwort für die stoische Lebenspraxis, nämlich das Gebotene, das von der Vernunft Angeratene, zu tun. Der antike Stoiker wähnt sich in ständigem Kampf mit den Affekten, mit den Leidenschaften, die ihn an der Vernunft, am Gebotenen, am Pflichtgemäßen irremachen wollen. Um den Leidenschaften zu trotzen, übt er sich unentwegt. Er übt sich in Tugend. Denn er ist davon überzeugt, dass Glück und Tugend übereinstimmen. Der Tugendhafte, das heißt derjenige, der mit der Natur im Einklang lebt, wird nach stoischer Auffassung zugleich auch der Glückliche sein. Um sich in seiner Tugend nicht irritieren zu lassen, schottet sich der Stoiker von irritierenden Einflüssen, insbesondere von schädlichen Affekten und Schicksalsschlägen, ab. Er erklärt alles, was nicht der Tugend dient, für gleichgültig. Damit ist für den antiken Stoiker das meiste, was Menschen gewöhnlich für wichtig halten, gleichgültig. Das wiederum bedeutet nicht, dass er sich dem Genuss des Gleichgültigen prinzipiell immer widersetzt, aber gewöhnlich zieht er doch den Rückzug, den Verzicht, die Abhärtung vor.

Stoische Philosophie dient der Abhärtung unter prekären Umständen, mitunter der Betäubung. Wird solche Philosophie behaupten, jede Beunruhigung sei in Wahrheit gar keine, da kühle Vernunft das innere Gleichgewicht leicht wiederherstellt?

Immerhin lebt unsere Gesellschaft davon, dass ihre Mitglieder ständig aktiviert, rastlos, in Unruhe sind. Nur Unruhe schafft Kapital, nur Unruhe schafft Konsum. Konsumsteigerung ist Unruhesteigerung. Man will immer mehr und immer anderes. Wenn das Beunruhigungsniveau ein bestimmtes Maß unterschreitet, setzt diese Gesellschaft auf künstliche Beunruhigung. Dazu werden beispielsweise apokalyptische Beunruhigungsmittel erfunden: der global und lokal gleichermaßen drohende Terrorismus! der ökologische Kollaps!! die Große Depression!!! Beunruhigung ist das Schmiermittel des Kapitalismus. Man male sich einmal aus, was wäre, wenn man an das Evangelium der Beunruhigung zu glauben aufhörte … Vielleicht sind die Härten, die wir gegenwärtig ertragen zu müssen meinen, so hart nicht. Vielleicht sind die Angriffsflächen, die wir dem Unberechenbaren bieten, so groß nicht.

Die antiken Stoiker glaubten, das Ziel der Unerschütterlichkeit mit erbarmungslosem Moralismus erreichen zu können. Bei jedem Urteil, jedem Handeln und jedem Unterlassen fragten sie nicht nach seinem Wahrheits- oder Nutzwert, sondern nach seinem Tugendwert. Eine Anleitung zum stoischen Denken könnte daher als Anleitung zur moralischen Aufrüstung missverstanden werden.

Solche Erwartungen wird dieses Buch enttäuschen. Es bewaffnet seine Leser nicht mit Tugend, jedenfalls mit keiner moraltriefenden Tugend. Unter dem Namen *virtus* kam die Tugend bei den römischen Stoikern übrigens noch ohne Moraltriefen aus.

Dieses Buch ist auch keine philosophiegeschichtliche Abhandlung über Entstehung und Entwicklung stoischen Denkens – eine Entwicklung, die weit über die Antike hinaus tief ins Christentum und weit in die Neuzeit hineinreichte. Im 16.

und 17. Jahrhundert besannen sich manche Gelehrte auf die alten, fast schon verloren geglaubten Texte, hauchten ihnen neues Leben ein, um sich mit ihnen gegen den Jammer der Zeit zu wappen, einen Panzer seelischer Undurchdringlichkeit zu schmieden und gegenüber religiösen Gewissenszwängen eine vornehme Reserviertheit zu wahren. Einem frühneuzeitlichen Stoiker, der trotz äußeren Drucks in sich die Kraft verspürte, sein Leben zu gestalten, muss das christliche Ansinnen, sich wahlweise (evangelisch) einer göttlichen Allmachtsgnade oder (katholisch) einer vorgeblich göttlich eingesetzten Institution ohnmächtig auszuliefern, wenig verlockend erschienen sein. So sehr Stoiker aller Zeiten bereit waren, sich den Zumutungen des Schicksals zu fügen und ihr Wissen, wie man Menschen diszipliniert, den Herrschenden zur Verfügung zu stellen, loderte doch immer auch ihr Widerstandsgeist. Wer über all dies mehr erfahren will, muss jedoch andere Bücher lesen.

Hinter diesem Buch steht der Reiz des Experimentierens: Es will anhand von Herrn N.s Lebensweg in Erfahrung bringen, wie weit stoische Motive tragen, wie weit stoische Gedankenfiguren führen, ob stoische Praktiken lebbar sind. Skeptische Einwände gegen die antike Stoa (die schon damals mit den skeptischen Akademikern im Dauerstreit lag) haben diesem Buch die dogmatischen Illusionen geraubt. Es vertritt keine Prinzipien um der Prinzipien willen, keine Tugend um der Tugend willen.

Moral ist vielleicht ganz nebensächlich. Sie berührt die meisten Lebensphänomene nicht. Aufs Ganze gesehen überrascht doch, wie wenig Einfluss Moral (einschließlich Moralphilosophie) auf das Leben der Menschen hat. Denn die meisten Probleme sind keine moralischen Probleme. Trotz ihres vermeintlichen Moralismus haben die antiken Stoiker gerade dies erkannt: Sie haben erkannt, dass in moralischer Hinsicht das Meiste gleichgültig ist. Hingegen gilt ihnen als gut nur, was der Seelenruhe zuträglich ist. Was heißt dann Stoizismus heute?

Keine Moralsuada, sondern eine Praxis des wohlbedachten, wohldosierten Moralverzichts, Praktische Philosophie gerade nicht als Moralphilosophie. Es geht nicht um das Gute, sondern um das Gebotene, um das *aptum*, das Angemessene – nicht dem Absoluten angemessen, sondern den Gegebenheiten.

Moderner Stoizismus wird erkennen, dass Moral keine letzte Beruhigung bringt, wie es sich die alte Stoa erhofft hat. Vielmehr ist Moral eine Quelle der Beunruhigung und muss daher wie ein starkes Medikament, das leicht zum Gift wird, wohldosiert eingesetzt werden. Die Überdosierung ist bei Moral noch verbreiteter als bei Antibiotika. Wirtschafts- und Politiknachrichten beweisen es täglich.

Zum metaphysischen Vertrauen der antiken Stoa, die an das Vernunftdurchwirktsein alles Seienden glaubte, raffen wir uns nur noch mit Mühe auf. Wir erkennen im Kosmos nicht mehr so leicht eine verstehbare Ordnung, einen Logos, etwas universell Bindendes. Deshalb fällt es uns leichter, auch zu einer universell bindenden Moral auf Distanz zu gehen. Moral wird für Individualisierung offen.

Noch einmal: Warum stoische Philosophie? Weil sie nottut in einer Zeit, in der einem, demokratisch legitimiert und abgesichert, Freiheit überall genommen wird. Das geschieht heutzutage auf bürokratischen Wegen, mit dreifachem Durchschlag und Online-Datenspur, nicht im Namen einer Ideologie, sondern im Namen der Sicherheit, häufig sogar im Namen der Freiheit selbst. Moderner Stoizismus strebt nicht mehr in erster Linie nach Sicherheit, sondern nach Freiheit. Freiheit, die von keiner Sicherheitsbehörde anzutasten ist. War stoisches Philosophieren lange williger Handlanger von allerlei Disziplinierungen, ein probates Mittel in den Händen von Staat und Religion, für Gefügigkeit zu sorgen, ist es jetzt Gegenspieler aller Gefügigkeit. Modernes stoisches Denken entzieht sich und kehrt damit zu seinen Ursprüngen zurück, als es weder verstaatlicht noch christianisiert war.

Läuft der neue Stoizismus in einer sonderbaren Inversion damit auf eine Philosophie hinaus, die auf Moral verzichtet und schrankenlose Freiheit propagiert? Dann wären Figuren wie Dr. Hannibal Lecter aus dem *Schweigen der Lämmer* für den neuen Typus des stoischen Weisen repräsentativ: völlige Affektkontrolle und Schicksalsergebenheit, äußerste Fokussierung auf die einmal gesteckten Ziele, Befreiung von allen moralischen und sozialen Zwängen – nur eben auch Kannibale? Egal, ob er unbeschränkt handlungsmächtig oder gänzlich fremder Gewalt ausgeliefert ist: Lecter bleibt die Ruhe selbst. Er nimmt, was ihm das Schicksal zuteilt, wo er die Dinge nicht ändern kann – und ändert sie, wo er sie ändern kann.

Der Kannibale als Vorzeige-Stoiker? Vielleicht. Aber nicht, weil er Menschen frisst, sondern weil er sich in der Gewalt hat. Von Hannibal Lecter können wir uns zumindest die Frage gefallen lassen, wie wir es mit der Sterblichkeit halten. Nicht so sehr mit der Sterblichkeit der Anderen, die gegebenenfalls auf dem Speisezettel stehen, sondern mit unserer eigenen. Die lebenspraktischen, die diagnostischen und die therapeutischen Bemühungen der Figuren in diesem Buch kreisen um die Frage, wie ich damit umgehe, endlich zu sein. Eine Antwort auf Lecters Kannibalismus könnte lauten: Sterblichkeit motiviert zu Bescheidung und hält Exzesse von mir fern, damit auch den Kannibalismus. Das Endliche ist schützenswert, weil es endlich ist.

Stoa ist in diesem Buch keine Lehre, vielmehr eine Herausforderung, eine Provokation. Dieses Buch ist kein Ratgeber, es bietet keine endgültigen Antworten. Denn es kann immer auch das Gegenteil wahr sein. In der Verunsicherung liegt Trost. Sie eröffnet Spielräume.

Moderner Stoizismus ist eine radikale Selbstbeschränkungsphilosophie. Eine Philosophie, die nicht einfach die Beschränkung beklagt, sondern in ihr die eigentliche Lebenschance sieht. Das ganze Leben der Philosophen – wenn vielleicht auch nicht in ihrer universitären Ausprägung – ist ein Kommentar zum Tod, *tota philosophorum vita commentatio mortis est* (Cicero I 74f.). Der Mensch ist ein endliches Wesen, dem man erst eingeredet hat, es habe es auf das Ganze, die Vollkommenheit, die Unsterblichkeit abgesehen. Warum sollte es danach ein Bedürfnis geben? Ein endliches Wesen kann sich leicht damit abfinden, endlich zu sein, sowohl räumlich wie zeitlich. Es nimmt sich in seiner Beschränkung gelassen hin.

Der Mensch als endliches Wesen hat das Recht, dieser seiner Endlichkeit ein Ende zu setzen, sich abzuschaffen. Nichts und niemand zwingt ihn, die Spanne seiner Endlichkeit auszuschöpfen. Endlichkeitsbewusst leben kann durchaus heißen, daraus die Konsequenz der Selbstentsorgung zu ziehen. Das mag schamlos klingen. Aber man sollte die Wendung beim Wort nehmen: entsorgen, sich (und die andern) von den Sorgen freistellen, indem man sich von sich selbst freistellt. Mit einer Prise Galgenhumor stirbt sich's leichter.

Der neue Stoizismus ist keine Schönwetterphilosophie. Er neigt zur Lakonie, zur Härte. Er hat keine Erbaulichkeiten im Angebot. Vielleicht hat die Zukunft weniger Erbaulichkeitsbedarf. Der stoische Philosoph pflegt die Selbstverfeindungskunst, getrieben von ständigem Misstrauen sich selbst gegenüber; er stellt sich selbst und seine Standfestigkeit unter Generalverdacht. Das ist eine wenig gemütliche und komfortable Haltung und kann leicht zur Selbstzersetzung führen. Also sind Entspannungsreaktionen hilfreich. Man kann nicht in ständigem Ausnahmezustand leben, erst recht nicht als Stoiker. Eigentlich wollte die Stoa einst den Ausnahmezustand zähmen und hat sich dafür die universelle, vernünftige Ordnung erdacht. Für diese metaphysische Hypothek zahlt allerdings heute niemand mehr Zinsen. Nur noch in der Praxis des Lebens ist der Ausnahmezustand zu normalisieren, nicht mehr in der hehren Flucht der Gedanken. Daher verzichtet der moderne Stoizismus auf jenen Heroismus der permanenten Anstrengung, der manche Texte der stoischen Tradition so schwer erträglich macht. Er gönnt sich die Entspannung, den epikuräischen Zungenschlag. Er gönnt sich vor allem den Verzicht auf letzten Trost.

Geliehenes Leben

Nur geliehen sei dieses Leben, heißt es in einer Radiopredigt, deren letzte Sätze N. zufällig aufschnappt. Wahrscheinlich hat er die Erklärung verpasst, dieses Leben sei als ein Geschenk Gottes aufzufassen, das der Mensch nur treuhänderisch verwalte, über das er aber nicht frei verfügen könne. Diese Erklärung hätte N. allerdings kaum befriedigt. Er empfindet sein Leben nicht als Geschenk. Wer sollte es ihm auch geschenkt haben? Ist er denn gefragt worden, ob er dieses Geschenk annehmen wolle? Was wäre ein Geschenk wert, das einem aufgenötigt wird?

Die Vorstellung, sein Leben nur geliehen bekommen zu haben, beginnt N. zu beunruhigen. Geliehenes Leben, geliehene Arbeit, jederzeit auf Abruf, auf Widerruf. Leben als eine kümmerliche Form der Leiharbeit, deren Bedingungen und Zwecke N. nicht kontrolliert. Genau da zu stehen, wo er steht, genau dieses Leben unter diesen Umständen zugewiesen bekommen zu haben, erscheint N. unerträglich. Warum sich nicht ein ganz anderes Leben ausleihen? Warum nicht ein ganz anderer sein?

N. fühlt sich wie ein Bibliotheksbesucher, der sich nicht aussuchen darf, welches Buch er mit nach Hause nimmt, sondern dem irgendein beliebiges Buch ausgehändigt wird – ein Reiseführer, ein Gedichtband, ein Krimi, ein religiöser Traktat, eine Fernsehbedienungsanleitung. Er erhält die Auflage, das Buch erst in einem Monat zurückzubringen und es bis dahin sehr gründlich zu studieren. N. hat keine Wahl.

Täglich geht N. ins Büro, um Dinge zu tun, die andere ihm auftragen. Täglich bewegt sich N. in einem Geflecht von Bindungen, die er nicht gewählt hat. Täglich setzt er sich mit Menschen auseinander, die sagen, sie schätzten, ja sie liebten ihn. Er interessiert sich für diese Menschen nicht. Auch für sich selbst interessiert er sich nicht. Täglich lebt N. ein Leben, das jeder Beliebige an seiner Stelle ebenso gut leben könnte.

N. stellt fest, dass er unentwegt Dinge tut, die er nicht wirklich tun will. Auch da, wo er frei zu sein scheint, zu tun, was er will. Er geht ins Café, ohne wirklich einen Kaffee trinken zu wollen. Er surft im Internet, ohne wirklich etwas suchen oder finden zu wollen. Er liest eine Zeitung, ohne wirklich wissen zu wollen, was drin steht.

Ein geliehenes Leben, so sagt sich N., müsste doch nach bestem Wissen und Gewissen so zu führen sein, dass es einigen Ertrag abwirft. Man müsste Kapital schlagen können aus den geliehenen Talenten. Aber N. sieht nicht ab, worin dieser Ertrag bestehen könnte. Wozu und für wen sollte er Kapital daraus schlagen? Ist das Ich nicht nur ein leerer, grammatischer Stellvertreter für eine Müllhalde unvereinbarer Erfahrungen? Ein Entsorgungsplatz von allerlei Gerümpel, für den sonst in der Welt niemand Platz übrig hat?

Mehr und mehr überkommt N. die Empfindung, das Eigene nicht in der Hand zu haben. Überhaupt kein Eigenes zu haben. Und doch ist es, denkt er sich, ein Eigenes, in das er mit seinem geliehenen Leben gestellt ist. Wieso kann er es nicht als sein Eigenes begreifen? Unbehagen macht ihn frösteln.

Die Diagnostikerin

Selbstverfehlung! Wäre das nicht ein passender Begriff für N.s Gefühl, ein Leben geliehen bekommen zu haben, das sich für ihn nicht zu leben lohnt? N. ist offenkundig nicht in der Lage, das Seine als das Seine zu akzeptieren. Er findet in seinem Leben sich selbst nicht – und bedarf des Zuspruchs, womöglich der freundlich-mütterlichen Ratschläge einer philosophischen Diagnostikerin, die ihm sagt, wo das vermisste Selbst zu finden ist.

Aber ich kann keine Patentrezepte der Selbstfindung aus dem Ärmel schütteln. Wahrscheinlich weist N. das Angebot von Patentrezepten unbesehen von sich und zeigt sich trotzig beratungsresistent. Wahrscheinlich misstraut er Ratgebern, die freundlich-mütterlich auftreten.

Selbstverfehlung? Die knappe, eingängige Formel blockt jede weitere Erörterung ab. Sie setzt stillschweigend voraus, man wisse, wie ein Leben aussehe, das sich nicht verfehle. Aber wer verfügt über ein solches Wissen? Da schaue ich lieber genauer hin, wie N. sich selbst erklärt.

Am Anfang von N.s Selbsterklärungsversuchen steht gleichfalls eine knappe, eingängige Formel, nämlich die vom geliehenen Leben. Auch diese Formel erklärt zunächst nicht mehr als die Selbstverfehlungsformel. N. hat sie nicht erfunden, sondern aufgeschnappt, und buchstabiert sein gegenwärtiges Leben mit ihrer Hilfe durch. Er blendet den religiösen Zusammenhang aus, in dem ihm der Gedanke vom geliehenen Leben zugetragen worden ist. N. will nicht wissen, wer ihm dieses Leben geliehen hat und welche Zwecke der Leihgeber mit seiner Leihgabe verfolgt. Der geliehene Gedanke vom geliehenen Leben soll ihm zu begreifen helfen, weshalb er das Leben, das er führt, nicht als sein eigenes empfindet.

Dass der Gedanke vom geliehenen Leben selbst nur ein geliehener Gedanke ist, führt N. vor Augen, dass er alles nur geliehen bekommen hat und nichts eigenes ist. Anstatt den Transfer des Gedankens aus dem religiösen Bereich in den profanen als intellektuelle Eigenleistung zu beanspruchen und trotz all des Geliehenen aus dieser Eigenleistung Selbstvertrauen zu schöpfen, meint N., sogar in seinen Selbstinterpretationen auf Fremdes angewiesen zu sein. Eine geliehene Formel für ein geliehenes Leben scheint N. wunderbar passend, so dass er jede Eigenleistung im Finden und Übertragen des Gedankens entrüstet abstritte.

Dass N. die Formel zugefallen ist und er sie zur Selbstinterpretation für tauglich befindet, belegt allerdings wachsende Selbstaufmerksamkeit. Es mag ja sein, dass N. sich nicht für die Menschen interessiert, die ihn umgeben. Aber ein Interesse an sich selbst oder an dem Nichts, das er ist, hat den Griff zur Formel vom geliehenen Leben erst möglich gemacht. Indem N. denkt, er interessiere sich nicht für sich, hat er sich zu diesem Interesse insgeheim schon bekannt. Ein bloßes, fragloses Dahinexistieren ist das nicht mehr. Ein Erklärungsbedürfnis, ein empfundener Erklärungsnotstand erzwingt erst Erklärung, mag sie noch so formelhaft sein.

Die Formel selbst hat ihre Tücken. Nicht nur, weil sie die Frage nach dem Lebensleihgeber abblockt, sondern auch, weil sie voraussetzt, dass da schon jemand ist, der etwas geliehen bekommen kann. Die Formel unterstellt, dass dieser Jemand, der das Leben geliehen bekommt, mehr ist als ein leerer, grammatischer Stellvertreter für etwas, was es nicht gibt. Geliehenes Leben verlangt nach einem Leihnehmer, der sich in irgendeiner Weise zum Geliehenen verhält, es verwaltet, gebraucht, missbraucht, gegebenenfalls zurückgibt. Das Unbehagen, das N. beschleicht angesichts der bloßen Geliehenheit des Lebens, dieses bestimmten Lebens, ist offenbar nicht Bestandteil des Geliehenen selbst, sondern die Empfindung, die der Leihnehmer angesichts des Leihgutes hat. Jedoch wäre es voreilig, wollte man N. aus dieser pedantischen Erörterung seiner geliehenen Selbstverständigungsformel demonstrieren, dass er doch ein Ich habe, ja ein Ich sei. Dieses Ich als Leihnehmer mag zwar in der fraglichen Formel vorausgesetzt sein, aber was beweist denn, dass die Formel die Wirklichkeit sachgemäß wiedergibt? N. jedenfalls würde sich gegen die pedantische Erörterung seiner Leihformel verwahren und lieber auf die Formel verzichten, als zuzugestehen, dass er ein Ich haben müsse, weil es aus der Formel folge.

Zwei Aspekte machen N. die Leihformel so einprägsam: Zum einen, dass das, worüber er verfügt, nicht sein Eigenes ist. Zum anderen, dass er sich das, worüber er verfügt, nicht wirklich zu eigen machen kann, da er es nur für eine gewisse Zeit zur Verfügung gestellt bekommt. Der Leihcharakter des Lebens verhindert gerade, dass er sich damit identifizieren kann, dass er daraus die Gewissheit zu schöpfen vermag, dies sei sein Leben. Wie sollte er ein Leben bejahen können, das ein Leben auf Widerruf ist, ein Leben mit Rückgabetermin? Die Formel zeigt ein Provisorium an, eine Befristung. Sie zeigt an, dass N. sich nicht definitiv irgendwo einrichten kann.

N.s allegorische Ausschmückung der Leihmetapher, sich zu fühlen wie jemand, der in der Bibliothek ein Buch ausgeliehen bekommt, das er gar nicht wollte, macht noch einen dritten Aspekt sichtbar. Nämlich dass das, was N. leihweise ausgehändigt wird, völlig beliebig ist – es kann ein Reiseführer, ein Gedichtband, ein Krimi, ein religiöser Traktat, eine Fernsehbedienungsanleitung sein. Überdies ist auf dem Cover des geliehenen Lebens nicht einmal zu erkennen, worum es sich handelt. Dabei wäre es fatal, wenn man einen religiösen Traktat als Reiseführer benutzt, einen Gedichtband als Fernsehbedienungsanleitung.

Die Leihmetapher, mit der N. sein Dasein beschreibt, ist Ausdruck völliger Verlorenheit. Zugleich aber hilft sie N., sich selbst von aller Verantwortung für das Leben freizusprechen: Die Metapher lebt von der Suggestion, es gebe da einen Leihnehmer, der dem Leihgut ausgeliefert sei. Die Metapher ist bequem, weil sie eine Sphärenscheidung erlaubt: dort das Leben, mit dem das Ich eigentlich nichts zu schaffen hat, hier das Ich, das die Umstände des Lebens zu stummem Erdulden verurteilt haben. Die Metapher ist eine exzellente Entschuldigung für alles, was man tut oder nicht tut: Schuld ist immer das Leben, für das man nichts kann, da man es weder gewählt hat noch weiß, was es eigentlich zu bedeuten hat. Weil das Leihgut derart gewichtig ist, um den letzten Anschein eigener Verantwortung zu vernichten, versucht N., sein Ich, von dem das Funktionieren der Metapher abhängt, auch noch zu leugnen. Dann würde ein Leihgut ohne Leihnehmer übrig bleiben. N.s Ich hätte sich unter dem Druck der Leihgabe verflüchtigt wie ein Wassertropfen auf einer heißen Herdplatte.

Die Leihmetapher fasst nicht nur die Verlorenheit, die N. empfindet, sondern spricht ihn zugleich von der Hypothek des Lebens los. Wären N. und sein Leben eins und nicht zwei voneinander getrennte Dinge, könnte er sich nicht aus der Rechenschaftspflicht stehlen.

N.s Griff zur Leihmetapher und seine Empfindung, in den ihm gegebenen Umständen, in dem ihm verliehenen Leben nicht am Platz zu sein, bringt ein Unbehagen zum Ausdruck, das N. bis in die letzte Nervenzelle affiziert. Dieses Unbehagen ist ein Unbehagen im Eigenen, das nicht mehr als Eigenes angesehen werden kann: Weder das, was man tut (Büro), noch das, wovon man unmittelbar umgeben ist (Familie), kann länger von diesem fundamentalen Unbehagen ablenken.

So ist zumindest für die intellektuelle Bewältigung dieses Unbehagens der Griff zur Leihmetapher konsequent – einmal vorausgesetzt, dass das Unbehagen im Eigenen schon da war, bevor die Formel dafür auftauchte. Andernfalls hätten wir es mit einem ganz anderen Problem zu tun, nämlich demjenigen, wie das Leben von bestimmten Ideen, Ideologemen, Metaphern beeinflusst wird und wir hinter all den Vorstellungen keine Wirklichkeit mehr finden.

Aber diese Möglichkeit einmal beiseite gestellt und angenommen, N. habe sich die Leihformel zugelegt, weil er für sein Unbehagen einen Begriff benötigte: Dann ist auch deutlich, worin die verborgene Leistungskraft dieser Formel beruht, nämlich in der Abtrennung eines Teils der eigenen Existenz, der ausschließlich Spielball des Zufalls ist, und eines Teils, der vom Zufall unberührt bleibt – eines Ichs, das gegenüber den Widerfahrnissen des Schicksals nicht unbeteiligt bleibt, sondern sich unbehaglich fühlt, aber ihnen doch als Zuschauer gegenübersteht. Das Ich kann sich damit erklären, warum es sich im Leben unbehaglich fühlt: weil es dieses Leben nichts angeht, weil dieses Leben nur krauses Zufallsprodukt ist, für das niemand, erst recht nicht das Ich, die Verantwortung übernehmen will.

N. ist mit der Leihformel auf eine klassische Strategie stoischer Selbstimmunisierung gestoßen. Die Leihformel lässt sich übersetzen in jene Passage, mit der das *Encheiridion*, das *Handbüchlein* des römischen Stoikers Epiktet (ca. 50–140 n. Chr.), beginnt: «Von den vorhandenen Dingen sind die einen in unserer Gewalt, die anderen nicht. In unserer Gewalt sind Meinung, Trieb, Begierde und Abneigung, kurz: alles, was unser eigenes Werk ist. Nicht in unserer Gewalt sind Leib, Besitztum, Ansehen und Stellung, kurz: alles, was nicht unser eigenes Werk ist. Was in unserer Macht steht, das ist von Natur frei und kann nicht verhindert oder verwehrt werden; was aber nicht in unserer Macht steht, das ist schwach, unfrei, behindert und fremdartig. Merke dir nun: Wenn du nur das, was dein ist, für dein eigen ansiehst und das Fremde für fremd, so wie es das wirklich ist, so wird dich niemand jemals zwingen, niemand hindern, du wirst mit niemand unzufrieden sein, wirst nichts gegen deinen Willen tun, es wird niemand dir schaden, du wirst keinen Feind haben: es wird dich gar nichts Schädliches treffen.» (Kap. 1, S. 17).

Epiktet wusste, wovon er sprach, als er die Dinge danach unterschied, ob sie in seiner Macht stehen oder ob sie es nicht tun: Über die äußeren Umstände seines Lebens hatte er als Sklave vor seiner Freilassung keine Macht, so dass er sich ein Innenleben erschuf, über das er souverän verfügen zu können hoffte: seine Ansichten, seine Urteile, aber auch seine Affekte.

Aber für N. ist die Leih-Formel anders als für Epiktet, der sich ein inneres Reich erschafft, keine Rüstung gegen die Unbillen des Zufalls, keine Quelle der Beruhigung, sondern eine Artikulation des Unbehagens, der Beunruhigung. Denn N. verfügt über kein Ich, das sich als Herr in seinem eigenen Haus fühlt und das sich in jedem geliehenen Leben einrichten könnte, ganz egal, wie dieses Leben beschaffen ist. Das Ich ist bei ihm minimiert zu einem unendlich kleinen Punkt, der kein Gegengewicht zum geliehenen Leben bietet. N. findet in sich keine Macht über sich selbst, die erlaubt, sich mit allem abzufinden. Auch wenn er die Trennung von äußerem Leben und Ich vollziehen sollte, gewänne er weder den von Epiktet versprochenen inneren Frieden noch das Glück. Die Selbstaufspaltung ist nicht zielführend.

Ich stelle bei N. ein Zerbröseln des Willens fest. Er kann nichts mehr als sein eigenes Wollen anerkennen – nicht einmal die Scheidung von Ich und geliehenem Leben. Denn jenseits des Lebens verflüchtigt sich auch das Ich. Der Wille gehört zum Leben, demnach nicht zum Ich, das sich in diesem Leben unbehaglich fühlt. Es gelingt N. nicht, sich in der feierlichen Unschärfe eines hypothetischen Lebens einzurichten – in einem erfundenen Leben, das man nach der Maßgabe Epiktets gegen das einem von außen aufgedrückte Leben halten könnte. Kein Trotz, nur Unbehagen. Anstatt eines Ichs ist da nur allerlei Gerümpel und ein Müllplatz, den man Leben nennt – als großzügig gemeinte Leihgabe ein Hohn. Was diese Art der Entsorgung über den Leihgeber verrät – mag er nun Gott oder Schicksal heißen –, dürfte sich N. manchmal im Morgengrauen fragen.

Der Therapeut

Wie feinsinnig die Diagnostikerin Herrn N.s Selbstbeschreibung aufgenommen hat, wie subtil sie die aufgeschnappte Metapher vom geliehenen Leben bis in alle Verästelung auslegt!

Doch was Herr N. braucht, ist keine Diagnose, der er ohnehin kein Gehör schenkt, sondern eine Therapie. Und der Diagnostikerin, der die Sätze der antike Stoa so leicht von den Lippen gehen, würde diese Therapie auch nichts schaden. Denn in der Theorie schwingt sie große Reden, aber wenn es um die Praxis geht, nämlich um eine Haltung, mit deren Hilfe das Leben erträglich zu machen ist, hastet sie davon wie ein weidwundes Reh. Oder bringt ihre Diagnose N. auch nur die geringfügigste Linderung?

Nun, Epiktet kann durchaus helfen. Versuchen wir es damit: «Was sagt Zeus? ‹Epiktet, wenn es möglich gewesen wäre, hätte ich sowohl deinen armen Leib und deinen armseligen Besitz frei und ohne Hemmnisse erschaffen. Aber – vergiss es nicht – dieser Leib ist nicht dein eigen, sondern nur kunstvoll gestalteter Kot. Nun, da ich dies nicht zu tun vermochte, habe ich dir etwas von uns gegeben, nämlich die Fähigkeit des Wollens und des Nicht-Wollens, die Fähigkeit des Begehrens und des Meidens sowie die Fähigkeit, die Vorstellungen zu gebrauchen. Wenn du dich vorsiehst, wenn du auf diese Güter deinen Reichtum gründest, wirst du von nichts gehindert, wird dir kein Hemmnis widerfahren, wirst du nicht seufzen, wirst du niemandem Vorwürfe machen, wirst du niemandem schmeicheln. Wie? Das scheint dir wenig?› ‹Gewiss nicht!› ‹Bist du also mit diesen Gütern zufrieden?› ‹Ja, bei den Göttern!›» (Epiktet, *Diatriben* I 1, 10–14, S. 6)

Kurz gesagt: Was ich abbekommen habe, das bin ich. Es macht keinen Sinn, zu hadern, dass ich kein anderer bin. Herrn

N.s «Probleme» sind, will man harsch sein, nichts weiter als Wahngebilde. Herr N. hat nicht verstanden, was ihm Epiktet näherbringen kann, nämlich, dass es keine Probleme gibt außer denen, die wir uns selber machen. «Nicht dich hat der Gott zum Bezwinger der Winde gemacht, sondern Aeolus. Was also tun? Das am besten einrichten, was von uns abhängt, und die anderen Dinge so nehmen, wie sie kommen. Wie kommen sie denn? Wie der Gott es will.» (Epiktet, *Diatriben* I 1, 16–17, S. 7) Therapeutisch geboten sind in Herrn N.s Fall keine langwierigen Debatten über die Ursachen seines imaginären Leidens. Für ihn genügt die unablässige Wiederholung der Einsicht, dass man alles so hinnehmen soll, wie es ist, und dass es keine Probleme gibt außer denen, die man sich selbst macht. Man ist nichts weiter als seine Probleme.

Ist das zu einfach, zu glatt, zu platt? Ich höre den Einwand, statt eines stoischen Breitband-Antibiotikums, das gegen alles und jedes wirken soll, aber just gegen die Infektion nichts ausrichtet, an der Herr N. leidet, sei es angemessener, Herrn N. als einen individuellen Fall zu behandeln, der eine individuelle Therapie verdiene.

Gut, es kann sein, dass das stoische Breitband-Antibiotikum nicht immer anschlägt. Immerhin soll auch Chrysipp mehr als 705 Bücher geschrieben haben (DL VII 180, Bd. 2, 93), weil ein einziges anscheinend nicht ausreichte. Aber versucht haben wollte ich es, da eine individuelle Therapie viel Zeit und viel Geld kostet, während Allerweltsheilmittel billig zu haben sind.

Also, schauen wir aufs Individuelle. Falls man nicht behaupten will, Herr N. sei der Vorzeigestoiker, weil er das Leben als ein Schicksal betrachtet, in dessen Strom man mitschwimmt, gegen das man sich aber innerlich verwahrt – falls man dies zu Herrn N.s Gunsten nicht behaupten will, verhält es sich folgendermaßen: Der Leihcharakter des Lebens hindert Herrn N. daran, sich mit dem Leben zu identifizieren, weil es ihm wieder genommen werden wird. Er meint, dass er kein Ich und kein Eigenes haben könne, weil dieses Ich und dieses Eigene geliehen, provisorisch seien.

Ich ziehe aus Herrn N.s Feststellung, dass alles vergänglich und das Leben provisorisch sei, nicht den Schluss, es sei deshalb nicht lebenswert. Vielmehr glaube ich, dass nur die Endlichkeit das Leben überhaupt lebbar macht: einerseits, weil man froh sein kann, wenn es vorüber ist, andererseits, weil Vorläufigkeit Nicht-Festlegung bedeutet. Nichts ist damit im Leben definitiv. Und das allein macht Leben aushaltbar. Definitiv ist nur der Tod. Die Sterblichkeit, die Befristung ist es aber, was Leben ausmacht.

Meiner selbst, meines Lebens kann ich in keiner Weise sicher sein. Es ist endlich und löst sich auf. Alles andere aber, ein unendliches Leben, wäre unerträglich. Denn auch mit einem unendlichen Leben hätte ich ein ganz bestimmtes Leben, wäre Herr N. und nicht Frau Z. oder Kind Y. – und wäre dann zu diesem ganz bestimmten Leben eine Ewigkeit lang verurteilt. Ich würde immer mit diesem Leben identisch bleiben, hätte keine Möglichkeit zum Anderssein. Ein wesentlicher Trost der Endlichkeit liegt darin, dass ich mit diesem von mir nicht gewählten Umständen keine Ewigkeit lang auskommen muss. Zum Glück, denn die Individualität, das Sein an einem bestimmten raumzeitlichen Punkt, ist mit Unsterblichkeit unvereinbar. Unsterblichkeit wäre die schlimmste Strafe, die sich ein Gott für ein Individuum ausdenken könnte. Bei Lichte besehen ist der Wunsch nach individueller Unsterblichkeit Wahnsinn. Also sollte Herr N. tief dankbar dafür sein, dass ihm dieses Leben nur geliehen und nicht auf Ewigkeit vermacht worden ist.

Bindungsnöte

N. unterdrückt das Unbehagen, das endlose Kreisen um Geliehenes und Eigenes, so gut es geht. Wenn das Eigene nur geliehen sein sollte und gar kein Eigenes ist, findet man vielleicht im Anderen ein gewähltes und gewolltes Eigenes?

Also macht sich N. daran, das Geflecht seiner Bindungen aufzudröseln. Manche Bindungen lässt er mit einem scharfen Wort oder mit zur Schau getragener Gleichgültigkeit abrupt abreißen, andere sanft entschlafen. Es sind nicht oberflächliche Bekannte, denen N. die Aufmerksamkeit aufkündigt, sondern der beste Jugendfreund, die Ehefrau, die eigenen Kindern. Diese sprechen nicht ohne Bitterkeit von Notfruktifikation, als sich der Gatte und Vater eine 25 Jahre jüngere Geliebte zulegt, im Fitnessstudio seinen Body stylt und eine Peer Group gleichfalls sich stählender Bodies findet. Und dann stürzt N. sich in Vereinsmeierei, wird Mitglied in diversen Organisationen, Parteien und Interessenverbänden, für deren Belange er sich bisher nie interessiert hatte. Wenn er schon Parteimitglied sein soll, dann gleich mehrfach.

Eine geraume Weile gelingt es N., sich in seinem «neuen sozialen Umfeld» (so nennt er es) wohlzufühlen oder sich ein solches Wohlfühlen einzureden. Das Wohlgefühl leidet freilich nicht erst, als er seine Geliebte zum ersten Mal mit einem ihm unbekannten jungen Mann händchenhaltend durch die Fußgängerzone schlendern sieht. Schon davor haben sich leise Zweifel bemerkbar gemacht: Zwar hat N. sich eine Mitwelt nach eigenem Geschmack zugelegt, aber was ist dieser eigene Geschmack mehr als die Willkür eines Augenblicks, die von der Willkür des nächsten Augenblicks schon widerlegt wird? Will N. tatsächlich diese Menschen und nicht doch ganz andere?

Seine Umgebung hat N. mit einiger Gründlichkeit ausgetauscht. Jedoch weicht sein Unbehagen nicht. Der Geruch der neuen Menschen belästigt ihn wie der Geruch der alten. Er verzichtet auf das Biertrinken nach dem Body-Styling. Immer öfter treibt ihn die Nähe von Menschen zur Flucht; er lässt eine Verabredung mit einem seiner neuen, gestählten Freunde platzen, versetzt seine Geliebte.

Der Widerwille macht sich zunächst an der Innenseite der Unterschenkel bemerkbar, kriecht dann langsam zur Körpermitte hoch, um sich von da flächendeckend auszubreiten. Die Ohren sind zuletzt, dafür aber am heftigsten betroffen: ein stetes Sirren übertönt Gesprächsversuche. N. kämpft redlich und nicht ganz erfolglos gegen Sirren und Widerwillen an. Dennoch kommt es ihm bald so vor, als seien die frei gewählten Mitmenschen weder für ihn gemacht, noch er für sie. Gleichwohl will er Wärme, Anteilnahme, Zuneigung. Nichts erscheint ihm zufälliger als dies.

Die Diagnostikerin

Kann man jetzt nicht aufatmen, denn N. selbst scheint allen Grund zum Aufatmen zu haben? Seine Willenslähmung ist so rasch verflogen wie sie sich eingestellt hat. Er hat zu lavieren aufgehört, sein Ich verschwindet nicht länger hinter einem geliehenen Leben. Er zeigt Entscheidungsbereitschaft, sogar Entscheidungsfreude; er zeigt jenen Willen, den er als Ich mit geliehenem Leben nicht mehr zu haben glaubte. Zeichnet sich da eine neue Einheit von Leben und Ich ab? Die Rede vom geliehenen Leben wäre dann nicht mehr gewesen als eine Laune nach einem schlecht verdauten Mittagessen – eine Rede, die ein

Nachmittagsschläfchen besser kuriert als alle tiefschürfenden Selbstbefragungen. Dass die Entscheidungsfreude auch fehlgehen kann, erstaunt nicht, bedeutet Entscheidungsfreude doch immer Experiment und Risiko. Da bleibt allenfalls ein leises Bedauern, dass ausgerechnet Frau und Kinder N.s Entscheidungsfreude zum Opfer gefallen sind.

Jedoch glaube ich nicht, dass allfällige Verteidiger von N.s Entscheidungsfreude recht haben. Meine Besorgnis lässt sich nicht so leicht zerstreuen, auch wenn ich nicht genau weiß, ob ich zu solcher Besorgnis überhaupt ein Recht habe und was mich zur philosophischen Diagnostikerin eines anderen Menschen qualifiziert. Wie kann ich mir das Privileg herausnehmen, über N.s Tun und Lassen ein Urteil zu fällen? Ist meine Anteilnahme an N.s Schicksal mehr als schlecht kaschierte Neugierde, ein Mich-Weiden am Leiden eines anderen? Womöglich ist N. für mich nur eine Projektionsfläche, auf der ich mein eigenes Ungenügen bei der Gestaltung meines Daseins nach Maßgabe der stoischen Lehre ausbreite, um mich auf Kosten eines Dritten schadlos zu halten. Womöglich lenke ich nur von mir selbst ab.

An N.s vermeintlicher Entscheidungsfreude fällt mir auf, wie jäh sich der Schwerpunkt von N.s Aufmerksamkeit verlagert hat. Kreisten seine Gedanken eben noch um die Geliehenheit des Lebens und die Nichtigkeit des Ichs, liegt der plötzlichen Entscheidung, seine Umgebung auszuwechseln, zwar das alte Unbehagen zugrunde, im eigenen Leben nicht zu Hause zu sein. Aber die Deutung dieses Unbehagens verändert sich: Wurde es von N. eben noch auf die von ihm nicht beeinflussbare Gegebenheit des Lebens als ganzes geschoben, wird es jetzt an der sehr wohl beeinflussbaren Gegebenheit bestimmter Mitmenschen festgemacht. Diese Mitmenschen lassen sich durch andere ersetzen. Das Unbehagen im Eigenen, das N. nicht mehr als Eigenes erscheint, wird als Unbehagen im Anderen interpretiert. Dieses Andere wiederum muss N. nicht einfach hinnehmen.

Hätte N. die Methode des Nicht-hinnehmen-Wollens auf das geliehene Leben selbst angewandt, würde dies die Selbstabschaffung bedeuten. Dann wäre der Protest dagegen, sein Leben nicht selbst gewählt zu haben, ein Pyrrhussieg, den niemand – erst recht nicht N. – gebührend feiern könnte. Rabiat lässt sich die Methode hingegen im Umgang mit Mitmenschen in die Tat umsetzen, wobei N. die Bedürfnisse dieser Mitmenschen herzlich egal sind. Indem sich N. der Menschen als bloßer Mittel bedient, gewinnt er ein Selbstbewusstsein zurück, das die Formel vom geliehenen Leben untergraben hatte. Mitmenschen als Marionetten tanzen zu lassen, bedeutet für N. augenscheinlich einen erheblichen Zuwachs an Macht- und damit an Ich-Gefühl. Indem er sich als Herr der Marionetten begreift, begreift er sich als ein handelndes Wesen – als ein Wesen mit Weltzugriff und Gestaltungskraft.

Eine kleine Weile ergötzt sich N. am Macht- und Ich-Gefühl, besonders in Gegenwart der neuen Body-gestählten Freunde und seiner jungen Geliebten. Er empfindet sie als seine Marionetten, die er nach Belieben aus der Puppenkiste nimmt und wieder in sie zurücklegt. Lange jedoch hält die Marionettenspieler-Euphorie nicht an. Sie endet auch nicht erst, als sich eine der Marionetten selbstständig macht und mit einem männlichen Wesen ihres Alters händchenhaltend durch die Fußgängerzone schlendert – mit einem Wesen, das weder in N.s Spielplan vorgesehen war noch in seiner Verfügungsgewalt steht. Schon vor dieser Beobachtung, die N. das Eigenleben seiner vermeintlichen Marionetten schmerzlich vor Augen führt, mochte N. nicht mehr so recht an den Wert der von ihm geschaffenen Umwelt glauben. Zwar gelang es ihm in seinem Privatleben rasch, jene Faktoren auszuschalten, die für die Fremdbestimmtheit seines Lebens zu stehen schienen: die zähen Bande von Ehe und Familie, die er nicht länger als selbstgewählt, selbstgeschaffen verstehen wollte und die ihm als Beweis des Ausgeliefertseins an etwas Fremdes erschienen. Daraus zog N. indessen nicht den Schluss, auf eine mitmenschliche Nahwelt ganz verzichten zu wollen.

Eine Nahweltlücke tritt bei N. gar nicht auf; die Geliebte füllt sogleich die Stelle der Gattin aus, die Body-Stähler die der Kinder und des Jugendfreunds. Das alte Spinnennetz, in dem sich N. gefangen wähnte, ist durch ein neues ersetzt worden, in dem sich N. zwar einige Momente wie die Spinne fühlt, ohne aus seinen Fliegen aber genügend Lebenssaft zu saugen, um diese Existenzform dauerhaft für befriedigend zu halten. Der Grund, warum N. auch die neuen Menschen leid wird, bevor er seine Geliebte in der Fußgängerzone fremdhändchenhaltend ertappt, liegt darin, dass die Fliegen die Spinne nichts angehen, dass die Menschen entsetzlich nichtssagend und langweilig sind, wenn sie nur Mittel zu eigenen Zwecken sind. Ihre Anerkennung ist nichts wert, solange sie nur Fliegen sind. Von Marionetten hat der Marionettenspieler nichts zu erwarten. Es mag sein, dass bei N., als er den Verrat seiner Geliebten entdeckte, so etwas wie Sympathie aufgekeimt ist –, ein leiser Anflug von Dankbarkeit, dass die Fliegen doch keine Fliegen und die Marionetten doch keine Marionetten sind. Aber ich weiß nicht, ob N. solche Empfindungen hegte oder nur seine verletzte Eitelkeit beklagte. Ich weiß auch nicht, ob N. sich des Umstandes bewusst ist, dass die meisten Menschen, durch die er in seinem Dasein bestimmt wird, nicht in seinen Kontrollbereich gehören: Weder die eigenen Eltern noch die Kassiererin im Supermarkt, weder die einstigen Lehrer noch die jetzigen Chefs, weder die Geschwister noch die Nachbarn kann N. sich wählen. Was N. ist, ist er durch die Anderen. Auch da, wo er sich von ihnen abgrenzt, erfolgt die Selbstdefinition immer über die anderen. Da hilft es nichts, sich einzureden, man hätte einen wesentlichen Freiheitszugewinn, wenn man den einen oder anderen aus der nächsten Umgebung verstößt.

Müsste man angesichts von N.s plötzlichem beziehungspolitischen Aktivismus statt von Selbstverfehlung von «Fremdverfehlung» sprechen? Aber ich zögere, könnten es doch eingefleischte moralische Vorurteile sein, die mir dabei die Feder führen. Ich habe von Kindsbeinen an gelernt, solche abrupten Beziehungskündigungen für verwerflich zu halten und Väter, die Frau und Kinder verlassen, als verantwortungslose Gesellen zu brandmarken, zumal dann, wenn sie sich der neu angeschafften menschlichen Nahwelt nur zum Zwecke der Selbstbefriedigung bedienen. Vielleicht lese ich deswegen in N.s Handlungsweise die Fremdverfehlung hinein und fühle mich in dieser Diagnose noch bestätigt, weil N. seiner neuen Umstände offenkundig nicht froh wird.

Nach einer Partie Squash, von der ich eben zurückkomme, sehe ich N.s Verhalten gelassener. Aus seinem Verhalten spricht weniger moralische Abscheulichkeit als vielmehr das, was Immanuel Kant die «ungesellige Geselligkeit» (*Idee*, 20) genannt hat. Gemeint ist damit das Unvermögen des Menschen, sich ernstlich auf andere Menschen einzulassen, und zugleich das Unvermögen, von anderen Menschen abzulassen – die Gleichzeitigkeit des Wunsches, bei anderen Menschen daheim und geborgen zu sein, und der Erfahrung, diese Menschen als widerwärtig zu empfinden, sich von ihnen abgestoßen zu fühlen.

Man könnte Herrn N.s Selbstentwurzelung als Ausdruck seines Willens zum Kosmopolitismus adeln. Für den Stoiker ist der Mensch ein Wesen, das mit Leichtigkeit an jedem Ort zu Hause sein kann, weil die Welt überall gleich – vernünftig – eingerichtet ist. Heimatgefühl komme für den Menschen überall auf, behauptet beispielsweise Lucius Annaeus Seneca (ca. 4 v. Chr.–65 n. Chr.) in seinen *Quaestiones naturales* (I 1, 13, Bd. 1, 10 f.). Hätte N. davon ein Bewusstsein, müsste er sich allerdings nicht der einen Umgebung entledigen, um eine andere zu bekommen. Er könnte schlicht bleiben, wo und mit wem er ist. Der stoische Kosmopolitismus scheint mir heilsam für alle Pendler und Migranten dieser Welt. Meine Heimat kann nirgends und überall sein. Kosmopolitismus ist hier jedoch nur ein

Nebengleis – für N. gar nichts, was er in den Blick bekommt, glaubt er doch gerade nicht, dass er überall und bei allen Menschen zu Hause sein könnte, sondern weidet sich am Trugbild, anderswo und in anderer Gesellschaft könnte alles ganz anders sein.

Mir scheint, dass im Zentrum von N.s Problemen das Problem der Erfahrung steht. Um es mit Max Frisch zu sagen: «Ein Mann hat eine Erfahrung gemacht, jetzt sucht er die Geschichte dazu – man kann nicht leben mit einer Erfahrung, die ohne Geschichte bleibt, scheint es, und manchmal stellte ich mir vor, ein andrer habe genau die Geschichte meiner Erfahrung ...» (Frisch, 13) Vielleicht sucht N. mit seinem Verhalten nur eine Geschichte zu seiner Erfahrung – eine Geschichte, die er noch nicht hatte – oder nur die beliebig austauschbare Null-acht-fünfzehn-Geschichte «Gatte – Familienvater – Bürotiger», die wegen ihrer Austauschbarkeit keine Geschichte ist. N.s plötzlicher, allerdings von jäher Untätigkeit bedrohter Beziehungsaktivismus könnte der Versuch sein, aus dem geliehenen Leben Kapital zu schlagen, und zwar Kapital in Gestalt einer Geschichte. N. will durch diesen Beziehungsaktivismus etwas völlig anderes werden, als er war. Er rebelliert damit gegen jegliche Festlegung.

Der Therapeut

Es fällt auf, dass die diagnostische Kollegin auf die naheliegendsten Symptome nicht eingeht, nämlich die physischen: Der Widerwille, der von der Innenseite der Unterschenkel zu Herrn N.s Körpermitte hochkriecht, das stete Sirren. Anscheinend fühlt sie sich da nicht zuständig. Man könnte sie bei einer Fehldiagnose ja haftbar machen.

Niemand wird sagen, die Zerstörung menschlicher Bindungen zum Zweck des Freiheitsgewinns sei die Absicht der stoischen Unterscheidung zwischen dem, was in unserer Macht steht, und dem, was es nicht tut. Gewiss nimmt Herr N. mit der Auswechslung von Nah- und Mittelwelt sein Schicksal in die eigene Hand – soweit sich das Schicksal in die Hand nehmen lässt. Er entwurzelt sich selbst, um sich Spielräume zu schaffen, mag man es auch bizarr finden, dass Herr N. sich die eben geschaffenen Spielräume gleich wieder verstellt, indem er sich eine neue Nah- und Mittelwelt anschafft.

Die Diagnostikerin zitiert Seneca und erinnert an die stoische Lehre vom Kosmopolitismus. Sie schreibt, meine Heimat könne nirgends und überall sein. Ich bin geneigt, die Prämissen dieses Satzes umzukehren: Meine Heimat kann nirgends und überall sein, nicht, weil die Welt von einer höheren Macht – *mens universi*, «Geist des Alls», sagt Seneca an der fraglichen Stelle – wunderbar vernünftig und einladend gestaltet ist, sondern weil die Unvernunft und die Sinnleere überall gleich gut verteilt sind. Das heißt wiederum nicht, dass Unvernunft und Sinnleere in der Übermacht wären, sondern nur, dass genug davon da ist, einen am «Geist des Alls» irrewerden zu lassen. Soviel Theologieverzicht müsste bei einem modernen Stoizismus aus Redlichkeit schon sein. Man wird ja nicht gleich behaupten, Vernunft und Ordnung seien genau und nur dort, wo man sie selber gemacht hat.

Ich höre bei der diagnostischen Kollegin so etwas wie Entrüstungsmoralismus heraus. Trotz all der vorgeschobenen Skrupel, Herrn N.s Richterin zu sein, ist bei ihr der Impuls, zu verdammen, doch sehr stark. Nur mühsam ringt sie diesen Impuls im Squash-Spiel nieder. Man könnte denken, sie habe Zugriff auf die Ab- und Beweggründe von Herrn N.s Gewissen.

Jedenfalls ist unwahrscheinlich, dass sich Herr N. zur Tugend bekehren werde, bloß weil ihm seine Diagnostikerin ein paar Brocken zweitausendjähriger Erkenntnis vorsetzt. Es geht in der Welt nicht zu wie in amerikanischen Romanen, wo es reicht, wenn ein unschuldig Verurteilter zunächst zu seiner Enttäuschung statt des bestellten Trivialschinkens *The Stoics'*

Game versehentlich *The Stoics* ins Gefängnis geschickt bekommt, ein Sammelwerk mit den Schriften von Epiktet, Mark Aurel und Musonius Rufus. Conrad Hensley, so heißt dieser gefangengesetzte Nebenheld in Tom Wolfes Roman *A Man in Full*, frisst sich durch Weisheitsgriesberge ins Schlaraffenland intellektueller Abgebrühtheit. Die Weisheit wird ihm in der staatlichen Korrektionsanstalt zum Überlebensmittel. «Epiktet war, so weit Conrad wusste, ein Philosoph, dem man alles geraubt hatte, den man gefangen genommen, gefoltert, versklavt, mit dem Tode bedroht hatte. Epiktet hatte seinen Folterknechten in die Augen geschaut und gesagt: ‹Du tust, was du tun musst, und ich werde tun, was ich tun muss, nämlich leben und sterben wie ein Mann.› Und er hatte obsiegt.» (Wolfe, 411) Als ein Erdbeben das Gefängnis zerstört, zieht Conrad Hensley mit der neuen frohen Botschaft des radikalen Anspruchsverzichts in die Welt und macht Proselyten, namentlich den Hauptheiden des Buches, den bankrotten Immobilien-Tycoon Charlie Croker, der schließlich seinerseits zum Wanderprediger der moralischen Wiederbewaffnung wird: «‹Jetzt ist er ein Evangelist.› / ‹Ein Evangelist?› / ‹Genau – und anscheinend geht es ihm sehr gut dabei.› / ‹Ach, was du nicht sagst! Was in Gottes Namen predigt er denn?› / ‹Nichts in *Gottes* Namen. Er spricht da draußen über den Manager ... ihn und Zeus. Offenbar sind beide Namen austauschbar. Und da gibt es noch Epi-Irgendwer – ich erinnere mich nicht an den Namen. [...] Er ist dabei, einen Vertrag mit Fox Fernsehen abzuschließen.› / *‹Fox Fernsehen?›* / ‹Ja, genau. Die Sendung wird *Die Stunde des Stoikers* heißen.›» (Ebd., 731 f.)

Charlie Croker ist ein Rollenvorbild, an dem sich die diagnostische Kollegin abarbeitet. Sie sehnt sich ebenfalls nach einer eigenen Fernsehshow, um den Zuschauern homöopathische Dosen stoischer Weltverbesserung zu verabreichen. Ungeachtet aller koketten Selbstzweifel hat sie wenig Skrupel, Moral für das auszugeben, was einzig Not tue. Als ob «Praktische Philosophie» sich – wie es das Vorurteil von Jahrhunderten will – in Moral, in der Frage erschöpfe, was denn die innerste Motivation unseres Handelns sei und wie man diese Motivation «verbessern» könne. Schließlich kann man von manchen römischen Stoikern lernen, wie man das eigene Innenleben so lange seziert, bis es aus lauter Erschöpfung vor allen Forderungen, «besser» zu werden, vor allen Tugend-Zumutungen kapituliert.

Versuchen wir es gerade umgekehrt: Die Stoa interessiert nicht wegen ihres Moralismus, sondern trotz ihres Moralismus: weil man mit ihrer Hilfe mehr sieht, genauer sieht, illusionsloser sieht. Was wir mit Sicherheit nicht brauchen – vorausgesetzt, es gäbe so etwas wie Sicherheit in philosophischen Fragen – ist die moralische Wiederbewaffnung. Das Letzte, woran es uns mangelt, ist Moral.

Schauen wir uns einmal um: Wo brauchen wir Moral? Wenn wir uns abgrundergründend mit uns selbst beschäftigen, nach den Motiven unseres Handelns oder nach der Art und Weise fragen, wie wir künftig handeln sollen? Schwerlich! Wir brauchen Moral, wenn wir in einem überfüllten ICE einen Sitzplatz suchen und dennoch der Mutter mit den drei Kleinkindern oder dem Greis den Vortritt lassen. Da sieht man schnell: Normalerweise herrscht kein Moralmangel. Normalerweise funktioniert Moral – und zwar funktioniert sie, weil uns die Motive und das Innenleben der anderen egal sind und egal sein müssen. Moral ist das Schmiermittel des Zusammenlebens in jenen Bereichen, die nicht gesetzlich geregelt sind. Für diese Moral brauchen wir keine «Letztabsicherung», auch keine Überzeugung und keinen Glauben an erste und letzte Dinge. Gerade, weil ich damit rechnen muss, dass mein Nebenmensch völlig anders fühlt und denkt, als ich es tue, hüte ich mich davor, nach den Beweggründen seines Tuns und seines Lassens zu fragen. Was ich erwarte, ist nicht, dass der andere mir seinen Sitzplatz anbietet, wenn ich im überfüllten Zugkorridor stehe, sondern nur, dass er mich und die Mutter mit den drei Kleinkindern nicht von den schließlich doch ergatterten Sitzplätzen verscheucht. Moral bedarf da keiner höheren Weihe, keiner Theorie. Der Versuch, Moral mit «Prinzipien» auszustatten oder sie zu «begründen», erinnert an eine Arbeitsbeschaffungsmaßnahme für Drohnen der Gesellschaft, die die endlosen Stunden ihrer Langeweile totschlagen müssen. Moral wird kaum «besser», wenn sie «Prinzipien» hat, wenn sie «begründet» ist. Moral gewinnt nichts durch Begründung. Und was gewinnen die Drohnen, wenn sie sich als Moralprinzipienspezialisten oder als Moralbegründer in Pose setzen? Sie gewinnen – das Beispiel der Priester und Pastoren der abendländischen Hauptreligion lehrt es – Macht. Sie gewinnen die Macht, zu lösen und zu binden. Sie gewinnen die Macht, zu verlangen, man müsse ihren Ansichten gegenüber eine ganz andere Ehrfurcht haben als jeder sonstigen beliebigen Privatmeinung gegenüber. Die Priester und Pastoren hatten einst sogar die Macht, die Mutter und die drei Kleinkinder zum Aufstehen zu bewegen, wenn sie das überfüllte Abteil betraten.

Der Fall der Philosophen, die sich in der Moralbegründerrolle gefallen, liegt ersichtlich anders: Niemand ist der Philosophen wegen je aufgestanden. Und doch lässt sich ihre zweieinhalbtausendjährige Geschichte über weite Strecken als Versuch verstehen, die Löse- und Binde-Macht ihrer priesterlichen Kollegen zu usurpieren. Diese Usurpation ist den Philosophen zum Glück bislang nicht gelungen, was ihre Versuche der Moralbegründung erheblich abwechslungsreicher macht als die der Priester und Pastoren, die auf die Verlässlichkeit unvordenklich alter Moralbegründung bauen können. Oder konnten. Die religiösen Moralbegründungen werden auch interessanter, seit man nach und nach aufgehört hat, den Priestern und Pastoren ungefragt einen Sitzplatz anzubieten. Dieser Prozess, den man Säkularisierung nennt, setzt im Imaginationsfeld der Moralbegründung Priester und Pastoren unter Innovationszwang. Sie müssen sich ebenfalls etwas Neues einfallen lassen.

Die Stoiker sagen, das einzige, was sie sicher besäßen, sei die Tugend. Alles andere könnten wir verlieren. Aber es ist nicht so sicher, dass es den Stoikern bei ihrer Tugendversessenheit tatsächlich um Moral, gar um die Begründung von Moral geht. Wir Modernen sind es, die unser Moralbegründungsinteresse auf die antike Stoa projizieren. Vielleicht legen wir die antike Stoa ganz falsch aus; vielleicht liest erst der christliche und nachchristliche Rückblick das Moralbegründungsansinnen in sie hinein. Die alten Stoiker waren kaum erpicht darauf, Priestermacht über das Gewissen der Anderen zu erlangen.

Virtus, Tugend im stoischen Sinn, hat gar keinen moralinsauren Einschlag. Oder sie dürfte diesen Einschlag zumindest nicht haben für jene modernen Stoiker, denen es um Selbsterschaffung geht und die daher die meisten Dinge für gleichgültig halten. Genau dieses stoische Projekt scheint Herr N. in Angriff zu nehmen. Für ihn werden alte Bindungen gleichgültig. Herrn N.s Existenz, wie er sie gerade neu erschafft, ist ein einziges Lob auf die Kraft der Vergleichgültigung. Also lebt uns Herr N. vor, wie wir von altabendländischen Hirngespinsten Abschied nehmen. Was bleiben könnte, ist eine bestimmte Haltung, ein Habitus, ein Charakter. Das Wort «Charakter» meint: etwas Geprägtes, etwas zwischen Hammer und Amboss Geformtes, etwas aus dem rohen Stoff Getriebenes. Individuelle Charakterbildung ist wieder möglich, seit das Christentum als soziale Uniformierungsinstanz nur noch mit tauben, altersmüden Stempeln prägt, ja seine Prägeherrschaft eingebüßt hat. Jetzt prägt sich das Individuum um.

Es geht in der Praktischen Philosophie gar nicht um das Gute, sondern um das Gebotene. Es geht darum, was ich mir selbst in der gegebenen Situation gebiete, um derjenige werden zu können, der ich sein möchte. Moderner Stoizismus, wie ihn Herr N. gegen seinen diagnostischen Vormund vorlebt, ist eine Praxis des Moralverzichts, des Moralisierungsverzichts: Herr N. will sich nicht in das Joch des Sollens, eines fremden Sollens, einspannen lassen.

Religiöse Optionen

Zusehends erlahmt N.s Zuversicht, sich in Gestalt neuer Menschen ein neues Leben zulegen zu können, das dann wirklich sein eigenes wäre. Er versäumt es, die Mitgliedsbeiträge bei den Vereinen, Parteien und Interessenverbänden regelmäßig zu bezahlen. Die neuen Menschen, mit denen N. sich eine Weile umgab, die Geliebte und die Bodystylisten, kommen ihm vor wie lästige Requisiten in einem Stück, in das sie nicht hineingehören. Unförmige, überbunte Requisiten aus Hollywood-Streifen, die in einem Kammerdrama, wie N. sich sein Leben vorstellt, nichts verloren haben. Die verlässlicheren Menschen aus N.s Vergangenheit, als er noch festen Grund unter beiden Füßen hatte, sind ihm ebenso widerwärtig – ein wenig aus Scham, ihnen untreu geworden zu sein. Ständig kreuzen Menschen seinen Weg, reden auf ihn ein, locken ihn in diese oder jene Sackgasse und hindern ihn. Woran sie ihn hindern, weiß N. nicht genau. An dem, was sein Leben eigentlich sein soll? Was wäre das?

N. ist der Menschen überdrüssig. Sie nehmen ihm sein Leben weg, weil sie ihn unentwegt und ungefragt zu einem Teil ihres Lebens machen. Er will sie und ihr Leben loswerden, nur noch das seine haben. In etwas Höherem bestehe sein Leben, hat er sich sagen lassen. N. beginnt mit transzendenter Gesellschaft zu liebäugeln. Wie würde es ihn beglücken, wenn ihn etwas Höheres erfüllte, wenn er staunen könnte vor einem Schrecken erregenden und anziehenden Geheimnis!

Einst, als Halbwüchsiger, hatte ihn dieses Geheimnis in Verzückung versetzt – oder genauer, die Überzeugung, als einer von ganz Wenigen für das Geheimnis empfänglich, ja der auserwählte Übersetzer des Geheimnisses zu sein. Damals kultivierte N. Auserwählungsdünkel, bis ihm auffiel, dass er für das Geheimnis nur Übersetzungen in eine höchst verworrene Sprache anzubieten hatte – in eine Sprache, die er selbst so wenig verstand wie die Leute, die er gelegentlich mit seinen religiösen Anwandlungen behelligte. Nach einigem Zaudern gelangte er damals zu dem Schluss, dass das Geheimnis nur aus innerer Unausgegorenheit erwachsen war: ein untaugliches Mittel, sich wichtig zu machen. Gott und Geheimnis schienen als Jugendsünde erledigt, als er irdische Wege einschlug, sich wichtig zu machen.

Jetzt besinnt sich N. auf den Gott seiner Jugend und darauf, dass der Auserwählungsdünkel ihm alle Fragen nach dem Warum und Wozu gnädig abgenommen hatte. Er beschließt, an einem Gottesdienst seiner früheren Gemeinde teilzunehmen, geht sonntags hin und drückt sich in die dunkelste Ecke der Kirche, um das Bedürfnis nach transzendenter Gesellschaft nicht durch menschliche Gesellschaft zu kompromittieren. Trotzdem verschmäht er danach den Gemeindekaffee nicht. Auch da müsste ihm doch die Anwesenheit einer höheren Macht spürbar werden. Aber das sachte aufkeimende Erhabenheitsgefühl stirbt ab, als ihn ein Gemeindeältester erstens nach seiner Liebe zu Jesus, zweitens nach seinem Beruf, drittens nach seinem Engagement für die hungernden Kinder in der Dritten Welt und viertens nach seinem Auto befragt. Die Bewegung der religiös Bewegten bezieht ihren Antrieb aus sehr unterschiedlichen Quellen, denkt sich N. beim dritten Stück Zitronenkuchen.

N. sehnt sich nach Eindeutigkeit des Antriebs, nach kompromissloser Parteinahme für das ganz Andere. Landeskirchliche Halbheiten, Unentschiedenheiten im Glauben und im Handeln kommen seinem Wunsch, sich auserwählt zu fühlen, nicht genügend entgegen. Deshalb durchforstet er die Veranstaltungsanzeigen in der Zeitung nach härteren religiösen Stimulantien. Er besucht eine Zeltmission und ist angewidert, wie die blökende Herde sich jeden Heilandsbären aufbinden lässt. Wie sollte man auserwählt sein wollen, wenn der Pöbel sich auch für auserwählt halten darf! Er besucht einen «transzendental-kosmischen» Vortragsabend in einer Hinterhofdachwohnung, wo er mit offenem Mund den Verlautbarungen eines abgemagerten Propheten mit tiefliegenden Augen lauscht. Sie verkünden, dass alles ganz anders werde, dass der Krieg der Kriege ins Haus stehe und dass höchste Zeit zur Umkehr sei. Umkehr wohin, Umkehr wozu, fragt sich N., als er in die Straßenbahn steigt, die unbeeindruckt vom Krieg der Kriege durch die Stadt ihre Kreise zieht. Zu Hause angekommen – in der Studentenbude, die er bezogen hat, als er sich von Frau und Kindern trennte und sich eine Geliebte zulegte –, steht ihm nur noch der abgemagerte Prophet vor Augen, nicht mehr das Erhabenheitsgefühl, nicht mehr das ganz Andere. Die Idee, sich zum Statthalter des Propheten zu machen, die ihn während der Verkündigung beschlich, hat sich in schäbige Einzelteile zerlegt – Geltungsdrang, Flucht vor sich selbst, Trägheit des Denkens und Trägheit des Herzens. Seine Übersetzung des Prophetenworts wäre, so gesteht sich N. ein, um nichts weniger verworren als die Übersetzung des göttlichen Geheimnisses, an der er sich in seiner Jugend versucht hatte.

N. kann der Erkenntnis nicht länger ausweichen, dass die Eindeutigkeit des Antriebs, die kompromisslose Parteinahme nur durch einen Verzicht auf ein Geheimnis und seine Übersetzung zu haben ist. Gott und Götter kommen ihm als Gesellschaft so ungeeignet vor wie Menschen. Wenn die Gesellschaft schon imaginär ist, sollte man sie wenigstens mögen.

Die Diagnostikerin

Die Wiederkehr des jugendlichen Wunsches nach Auserwählung ist eine Form verspäteter Pubertät, dem Umstand geschuldet, dass es mit dem innerweltlichen Arrangement der Dinge, besonders mit seiner Beziehungspolitik, nicht recht klappen wollte. Der Wille, sich geistlich erbauen zu lassen, gründet auf N.s Unvermögen, sich mit der Welt abzufinden, wie sie nun einmal ist. N. will einen Glauben erfinden, der ihn von allen Unsicherheiten freistellt, der alles Uneindeutige und Wandelbare in einem letzten Sinn einfriert. Religion wirkt dann als Sedativum, sich mit allem zurecht- und abzufinden, das aus dem Giftschrank geholt wird, wenn die bewährten irdischen Hausmittel in der Bewältigung des Daseins versagen. N. imaginiert sich eine Welt, in der er theatralisch eine Sinngarantie für die als sinnwidrig erfahrene, diesseitige Welt zu entdecken vorgibt. N. braucht Religion als Rückversicherung gegen die trostlose Kontingenz. «Religiöse Lebenspraxis» ist «Kontingenzbewältigungspraxis» (Lübbe, 160). In der «Kontingenzbewältigung» besteht, traut man dem Gegenwartsphilosophen Hermann Lübbe, die eigentliche Funktion von Religion. Dieses Religionsverständnis hat weit herum Schule gemacht.

Die Geliehenheit des Lebens und die Beliebigkeit der menschlichen Nahwelt haben N. jedenfalls die Kontingenz jäh deutlich gemacht. Die Ironie von N.s Experimenten mit Religion liegt darin, dass die jeweils erwogene Wahl einer bestimmten Religion, einer bestimmten Überzeugung, einer bestimmten Kirche selbst völlig kontingent ist – ebenso wie die einzelnen religiösen Lehren, von denen die jeweiligen Lehrer sinnigerweise behaupten, gerade diese eine Lehre sei der Kontingenz enthoben. Immerhin durchläuft N. seine nachgeholte Pubertät im Eiltempo. Dies gibt wiederum zur Hoffnung Anlass, N. überstehe seine

«Selbstfindungskrisen» so rasch wie einen Sommerschnupfen. N. hat sich bislang als Spezialist des konsequenten Ad-acta-Legens erwiesen.

Aber nach einer Weile des Nachdenkens zögere ich, ob N. wirklich gut beraten war, das Religiöse so rasch zu den Akten zu legen. Was ist die Religion, von der man mit so sorgloser Selbstverständlichkeit spricht? Man könnte Religion als eine Art von Erfüllung verstehen, die einem niemand rauben kann, weil sie aus einer Quelle stammt, die sich der Kanalisierungssucht der Menschen dauerhaft widersetzt. Andere halten sie für eine unverfälschte Motivationsgrundlage des Handelns – für jene Motivationsgrundlage, die N. schmerzlich vermisst hatte, als er sich mit der Geliehenheit des Lebens herumschlug. Oder Religion wird als letzte Erklärung dafür angesehen, wie das Dasein im Kleinen und die Welt im Großen funktioniert – eine Erklärung, aus der heraus man dieses Dasein mit Gelassenheit zu führen vermag. Schließlich wollen manche in der Religion jene Instanz erkennen, die dem Menschen erst die Würde gibt, die ihm im Alltäglichen an allen Ecken und Enden aberkannt wird, nämlich eine unveräußerliche Würde, die von einer höheren Macht her kommt, die zu diesem vermeintlich so hinfälligen Individuum unbedingt Ja gesagt hat.

Solche und ähnlich schöne Worte über Wesen und Zweck der Religion haben N. aber nicht nachhaltig zu beeindrucken vermocht, wie ich gerne einräume. Anscheinend sucht N. im Religiösen eine Erfahrung, die er in seinem geliehenen Leben mit den gewählten und verstoßenen Mitmenschen nicht findet. Ist es wirklich die Kontingenz des Daseins, die N., wie ich zunächst dachte, mit Hilfe der Religion bewältigen wollte? Immerhin verliert N. kein Wort darüber, dass er seine eigene Kontingenz als göttlich gewollt zur Notwendigkeit veredele.

Will N. tatsächlich Kontingenz mittels Religion bewältigen, wäre er besser beraten, gleich beim großen theologischen Entwurf der alten Stoa seine Zuflucht zu nehmen, anstatt die Kirche seiner Jugend oder einen selbsternannten Propheten aufzusuchen. Dort ist nur die Vermehrung der Kontingenz um allerlei Glaubensabsurdidäten zu erwarten, mit denen das Christentum die reine philosophische Lehre von Anfang an verwässert und verdunkelt hat. Der große theologische Entwurf der alten Stoa hat demgegenüber den einen und einzigen Gott als großen Ordnungsstifter verstanden, der alles nach dem Gesetz der Vernunft regiert, das er selbst ist.

«Ruhmvollster der Unsterblichen, mit vielen Titeln Benannter, ewig alles Beherrschender, erster Beweger der Natur, der du mit deinem Gesetz alles steuerst, sei mir gegrüßt! Dich nämlich anzusprechen geziemt sich für alle Sterblichen. Denn aus dir sind wir hervorgegangen und haben als einzige von allem, was auf der Erde an Sterblichem lebt und sich regt, Anteil am Abbild Gottes erlangt.» (Kleanthes, *Zeus-Hymnus* 1, zitiert nach LS, 389) Vertraut man Kleanthes von Assos (ca. 331–232 v. Chr.), dem Nachfolger des Stoa-Begründers Zenon von Kition, und vertraut man seinem Zeus, so ist Kontingenz nur falscher Schein. Der falsche Schein ergibt sich aus der menschlichen Froschperspektive, die die Ordnung des Ganzen nicht überblickt. Schon Zenon war zu einem bemerkenswerten, freilich anfechtbaren Schluss gekommen: «Das Vernünftige steht höher als das Nicht-Vernünftige; es steht aber nichts höher als die Welt; also ist die Welt vernünftig.» (Sextus Empiricus, *Adversus Mathematicos* IX 104, zitiert nach LS, 387)

Auch N.s Erwählungsbedürfnis käme die stoische Theologie entgegen, sind die Menschen doch nach Kleanthes die einzigen Wesen, die an Gott Anteil haben, und – wie Chrysipp von Soloi, Kleanthes' Nachfolger als stoisches Schulhaupt, darlegt – um ihrer selbst willen von den Göttern geschaffen worden: «Es war von Chrysipp sicherlich eine glaubhafte Idee, dass die Götter uns um unserer selbst und einen um des anderen willen geschaffen haben, und die Tiere um unseretwillen: Pferde, um uns im Krieg zu unterstützen, Hunde zur Hilfe bei der Jagd, Panther,

Bären und Löwen, um uns in der Tapferkeit zu üben. Das Schwein indes – denn da handelt es sich um den angenehmsten aller Gunsterweise – wurde zu keinem andere Zweck geschaffen als allein zum Schlachten; und die Seele mischte Gott dem Fleisch zur Verfeinerung unserer Küche wie Salz bei» (Porphyrios, *De abstinentia* III 20, 1, zitiert nach LS, 392). Auch wenn man den Sarkasmus des leidenschaftlichen Vegetariers Porphyrios (ca. 234–305 n. Chr.) abrechnet, der hier von neuplatonischer Warte aus gegen den stoischen Fleischkonsum polemisiert und Chrysipp etwas boshaft paraphrasiert, tritt eine Kernüberlegung stoischer Theologie klar zutage: Kraft seiner Vernunft kann der Mensch nicht nur die göttliche Ordnung der Welt erkennen, sondern hat im Unterschied zu allen anderen sterblichen Wesen Anteil am Göttlichen. Wären N. also solche Verlautbarungen altstoischer Weisheit bekannt, hätte er der Eskapaden bei Kirchen und Sekten nicht bedurft. N. wäre mit dem stolzen Bewusstsein der Zugehörigkeit zu einer vernunftbegabten, göttlichen Gattung gegen alle existenziellen Verunsicherungen gewappnet.

Ich muss freilich zugeben: Die stoische Theologie löst die Probleme nicht, die N. mit einer religiösen Überformung seines Daseins experimentieren lassen. Es geht ihm ersichtlich nicht darum, der Gattung, der er biologisch zugehört, zu einem höheren Selbstbewusstsein, zu einer theologischen Weihe zu verhelfen, sondern darum, sein ganz persönliches Leben als sinnvoll, sich selbst ganz persönlich als auserwählt zu begreifen. Die stoische Theologie kennt Gott dagegen nur als höchste Ordnungsmacht und erste Ursache, nicht als Person, die sich N.s Angelegenheiten auf entsprechende Anfrage hin exklusiv widmet. Die stoische Theologie kennt Gott nicht als Person, die N. erlöst. Ob N. nach Erlösung sucht, ist ohnehin fraglich. Ein wenig Erhabenheitsgefühl ist der stoischen Ordnungsmetaphysik zwar abzupressen, aber doch nichts Persönliches, nichts Exklusives, nichts nur für N. Gedachtes – erst recht kein Geheimnis.

Um den Beweis, dass die Vernunftordnung der Welt wirklich gegeben und nicht nur erlogen ist, ist es ohnehin prekär bestellt. Ich vermag ihn nicht zu leisten. Also sollte ich das theologisch-metaphysische Rettungsgebilde einfach vergessen.

Ich muss doch Religionsdingen nicht so begegnen, als ginge es dabei um Letztes, Bedeutsamstes, Sinnträchtigstes. Ich muss letzte Antworten auf Sinn-, Kontingenz- und Erlösungsfragen nicht ausgerechnet von Religion erwarten, sei sie nun – wie bei den Erweckten – eine erfühlte oder – wie bei alten Stoikern – eine erdachte. Den Respekt vor Religion als einem Feld der letzten Entscheidung kann ich N. und mir selbst ohne Schaden abschminken. Dieser Respekt stammt aus einer früheren Periode menschlicher Entwicklung, als man den Schamanen noch für den Willensvollstrecker übernatürlicher Mächte hielt und nicht begriff, dass Religion nichts weiter ist als ein von Menschen für Menschen ersonnenes Mittel, die Zumutungen des Daseins halbwegs erträglich zu gestalten. Offenkundig ist doch, dass Religion in modernen Gesellschaften keine feststehende, ihr gewissermaßen von Natur zukommende Funktion mehr hat.

Genau dies ist der Grund, weswegen N. bei seinen Annäherungsversuchen ans Religiöse nicht recht erfolgreich ist und es auch nicht sein kann: Man hat ihm zwar einst gesagt, Religion sei etwas Wichtiges, ja sei das im Leben alles Entscheidende, aber inwiefern und in welcher Hinsicht Religion irgendetwas entscheidet, hatten schon diejenigen, die N. die Wichtigkeit von Religion näherbringen wollten, im Ungefähren gelassen. Es dürfte unklar geblieben sein, was Religion tatsächlich ist – und was nicht. Ich weiß es auch nicht. N.s Expeditionen ins Feld des Religiösen sind vom selben Nichtwissen bestimmt: Er weiß eigentlich nicht, was er dort suchen soll und was er finden könnte. Es zieht ihn kein «existenzielles Bedürfnis» in die Kirche und zum Propheten, keine Berufung, keine Sehnsucht nach Erlösung, auch kein Kontingenzbewältigungswunsch. Es sind keine letzten Seelenabgründe, die N. sich im Lichte Gottes erschließen will, es ist kein Übermaß an Leiden, für das er Jesu Zuspruch braucht. Gerade weil er kein konkretes Bedürfnis hat, kann N. mit dem experimentieren, was man Religion nennt und sich durch den Anspruch auszeichnet, in der einen oder anderen Weise mit Übernatürlichem liiert zu sein.

Religion bewältigt Kontingenz nicht, sondern vermehrt sie: Sie erfindet Ebenen hinzu, mit deren Agenten – Engeln, Dämonen, Göttern – so zu rechnen ist, als ob es sich um echte Mitspieler im sozialen Gefüge handelte. Während die stoische Theologie durch die Gleichsetzung von Gott, Vernunft, Kosmos und Gesetz eine gewisse Verlässlichkeit garantiert, entfällt diese Garantie bei den monotheistischen Offenbarungsreligionen, die einen in völliger Freiheit agierenden Gott kennen, dessen Handeln mit Vernunft nicht zu ergründen ist. Bestenfalls kann man sagen, diese Religionen dienten der Bewältigung irdischer Kontingenz dadurch, dass sie von ihr ablenkten – dass sie die Aufmerksamkeit auf eine höhere Instanz, eine Kontingenz zweiter Ordnung umlenkten, von deren Handeln alles «eigentlich» abhängig sei. Dreist ist die Behauptung, nicht Kontingenz, sondern Notwendigkeit, Sinn walte in diesem göttlichen Handeln: Was hilft es den von der Kontingenz Betroffenen, wenn Kontingenz in Notwendigkeit, Sinn umgelogen wird, wo doch diese Notwendigkeit als Notwendigkeit bestenfalls aus der Perspektive Gottes, nicht aber aus der Perspektive der Menschen erkennbar wäre?

Es ist möglich, durch Religion diese unsere Welt sowohl zu stabilisieren, indem man eine weitere dazuerfindet, als auch in ihren Grundfesten zu erschüttern, indem man ihr die Forderungen einer außermenschlichen Macht unentwegt vorbetet. Religion ist wesentlich eine Kontingenzproduktionsmaschine. Und gerade dies könnte N.s zeitweiliges Interesse am Religiösen beflügelt haben, nämlich durch die Weltvermehrung der Enge der eigenen Sphäre, des geliehenen Lebens, der gewählten und erzwungenen Mitwelt zu entfliehen. Durch die Vermehrung von Kontingenz, die eine religiöse Hinterwelt mit sich bringt, erweitern sich auch die Freiheitsspielräume, die in der Enge der profanen Sphäre so absehbar und begrenzt sind. N. erhofft von Religion nichts Verbindliches, Festes, Gültiges, geschweige denn ein Fundament der Moral. Es ist eine Form des Irrsinns, von der Religion Handlungsanweisungen oder gar ethische Letztbegründungen zu erwarten. Wer beispielsweise von Menschenwürde spricht, muss sie im Menschlichen begründen und das Göttliche unbehelligt lassen. Religion hat für N. keine spezifische Funktion, sondern kann alle Funktionen haben. Darin liegt ihre Tragik, vielleicht auch ihre Chance.

N. hat sich eine Weile in religiösen Gefilden umgesehen, weder im Streben nach Kontingenzbewältigung noch im Streben nach Erlösung. Er suchte etwas Anderes, etwas, was sich von seinem sonstigen Dasein unterschied. Religion dient als ein Joker für alles, was man in einem beschränkten und endlichen Leben zufällig gerade entbehrt. Wahrscheinlich gibt man sich romantischen Illusionen hin, wenn man glaubt, Religion habe je anders denn als Joker funktioniert, habe je eine «eigentliche Aufgabe», eine «angestammte Funktion» gehabt.

In N.s Fall – und das ist der Fall der Moderne überhaupt – ist Religion nur ein Ornament. Sie ist ein entbehrliches Ornament, das immerhin zur Verschönerung, zur Kultivierung des Daseins beitragen kann. Was für N. bei seinen religiösen Eskapaden herausspringt, ist ein gelegentliches Erhabenheitsempfinden – das Empfinden, Unverfügbarem gleichzeitig ausgeliefert und in ihm geborgen zu sein. Mehr als einige Minuten hält diese Empfindung allerdings nicht vor, und sie ist nicht intensiv genug, um eine längere Fortsetzung des religiösen Experimentierens nahezulegen. Erhabenheitskitzel ist das Äußerste, was sich noch aus Religion ziehen lässt. Erhabenheitskitzel hat auch der Glaube an Kleanthes' Zeus zu bieten.

Der Therapeut

Herrn N.s Flirt mit dem Religiösen kommt der Diagnostikerin offenbar gerade recht. Sie nutzt die Chance, ihre eigene Theorie über das Wesen, den Nutzen und den Nachteil der Religion für das Leben auszubreiten. Die Eingangsüberlegung ist schnell vergessen – die Überlegung nämlich, in N.s Bemühen das individuelle Pendant dessen zu sehen, was Religion auf der Ebene der Gattungsentwicklung darstellt: ein noch unvollkommenes, pubertäres Durchgangsstadium, das sich im Lauf der Entwicklung hoffentlich von selbst erledigen werde.

Im Fortgang bringt die Kollegin neben längst gedachten Gedanken Dinge ins Spiel, die so in den Expertenrunden der Talkshows und kirchlichen Akademien selten ausgesprochen werden. Die Erkenntnis, dass Religion keine natürliche Funktion hat – etwa der Kontingenzbewältigung, wie Hermann Lübbe es nennt –, sondern ihr je nach Rahmenbedingungen ganz unterschiedliche Funktionen zuwachsen, straft das Gerede vom religiösen Grundbedürfnis Lügen, von dessen Renaissance man heutzutage viel hört. Es gibt kein religiöses Bedürfnis im Singular, sondern eine riesige Palette von Bedürfnissen, die man unter anderem mit dem abdecken kann, was man Religion nennt.

Friedrich Schleiermacher spricht in der ersten Erläuterung zu seiner ersten Rede *Ueber die Religion* – die «Reden» über Religion richteten sich «an die gebildeten unter ihren Verächtern» – von den Geistlichen, «welche die religiösen Bedürfnisse und Regungen der Gemüther nicht verstehen» (Schleiermacher, 168). Nicht nur in der liberalen protestantischen Theologie hat die Formel von den «religiösen Bedürfnissen» des Menschen seither Schule gemacht. Falk Wagner verweist auf die «neu erwachten religiösen Bedürfnisse und Sehnsüchte» (Wagner, 148) in der Gegenwart, bleibt aber doch bei Schleiermachers unbestimmter Bedürfnispluralität, die die Frage, wer hier genau wessen bedürfe, offenlässt.

Mit derlei Pluralität wollte sich Arthur Schopenhauer, seines Zeichens Systemphilosoph, nicht begnügen: Er hielt den Menschen für das einzige Wesen mit einem ihm «eigenen *Bedürfniß einer Metaphysik*: er ist sonach ein *animal metaphysicum*», ein metaphysisches Lebewesen (Schopenhauer, *Welt*, Bd. 2, Kap. 17, *Werke* 3, 187). Religion ist für Schopenhauer nichts anderes als Ausdruck dieses metaphysischen Bedürfnisses. Einer Dialogfigur diktiert er folgerichtig die Worte, «daß die Religion nichts weniger, als Lug und Trug, sondern die Wahrheit selbst [sei], nur in mythisch-allegorischem Gewande [...]. Der Mensch ist ein *animal metaphysicum,* d. h. hat ein überwiegend starkes metaphysisches Bedürfniß: demnach faßt er das Leben vor Allem in seiner metaphysischen Bedeutung und will aus dieser Alles abgeleitet wissen. Daher ist, so seltsam es, bei der Ungewißheit aller Dogmen, klingt, die Uebereinstimmung in den metaphysischen Grundansichten für ihn die Hauptsache, dermaaßen, daß nur unter den hierin Gleichgesinnten ächte und dauernde Gemeinschaft möglich ist. [...]. Demgemäß steht das Gebäude der Gesellschaft, der Staat, erst dann vollkommen fest, wann ein allgemein anerkanntes System der Metaphysik ihm zur Unterlage dient. Natürlich kann ein solches nur Volksmetaphysik, d. i. Religion, seyn» (*Parerga* II, Kap. 15, § 174, *Werke* 10, 380). Seitdem Schopenhauer die Metaphysikbedürftigkeit mit der Religionsbedürftigkeit identifiziert und als anthropologische Grundgegebenheit geadelt hat, wird an allen Ecken und Enden Religion aus dieser vorgeblichen Grundgegebenheit abgeleitet. Demgegenüber muss man die Pluralität der Bedürfnisse, in die sich das vorgeblich *eine* Bedürfnis bei näherem Hinsehen aufspaltet, erst wieder wahrzunehmen lernen. Die Einheit eines religiösen Bedürfnisses verschwimmt in der Vielfalt unserer Bedürftigkeiten.

Dass das, was mit dem Begriff «Religion» versehen wird, selbst höchst vielfältig ist, folgt daraus. Religion gibt es nur im Plural. Religion kann genauso das Bedürfnis erfüllen, seine verstorbenen Verwandten in einem sicheren Jenseits zu wissen, wie das Bedürfnis, für seine militärische Aggression eine höhere Weihe zu erschleichen, das Bedürfnis, sich als Individuum einer persönlichen transzendenten Fürsorge zu erfreuen, wie das Bedürfnis, die Gesamtheit der Welt als durchdacht und wohlorganisiert zu erkennen, das Bedürfnis nach Grenzüberschreitungserfahrung wie das Bedürfnis nach Grenzziehung und Grenzsicherung, das Bedürfnis nach einer Grundlegung der Moral wie das Bedürfnis, sich über alle Moral hinwegzusetzen. Die Liste ist beliebig verlängerbar. Keinem dieser Bedürfnisse ist an sich die Berechtigung abzusprechen, so sehr sich das die Sachwalter der Religionen auch zu tun beeilen, indem sie nur das Bedürfnis, das ihre eigene Religion in ihrem gegenwärtigen Zustand gerade zu befriedigen im Stande ist, als legitimes, «echt religiöses» Bedürfnis deklarieren. Man muss bereits einen Begriff von Religion als normativ vorgeben – beispielsweise den, wonach Religion das Bedürfnis nach «Erlösung» befriedige, nicht aber das Bedürfnis, sich im Eroberungsfeldzug allerhöchster Unterstützung zu versichern –, wenn man andere Bedürfnisse als irreligiös denunzieren will. Der intellektuell Redliche wird dies nicht tun, sondern sich auf die Beschreibung von Bedürfnissen und auf die Beschreibung ihrer verschiedenartigsten Befriedigung verlegen.

Die Frage ist freilich, ob durch Religion überhaupt ein Bedürfnis befriedigt wird. Wenn solche Befriedigung existiert, scheint alles in bester Ordnung zu sein: Es gibt so viele Religionen wie zugeordnete Bedürfnisse. Die Besonderheit einer religiösen Bedürfnisbefriedigung und damit die Besonderheit von Religion besteht dann schlicht darin, dass religiöse Bedürfnisbefriedigung eine übernatürliche Sphäre hinzuzieht und sich nicht mit irdischen, menschlichen Bedürfnisbefriedigungen begnügt. Ob mit der religiösen Bedürfnisbefriedigung aber wirklich alles in bester Ordnung ist, wage ich zu bezweifeln. Denn es könnte leicht sein, dass die Befriedigung des Bedürfnisses da ist, bevor das Bedürfnis sich einstellt. Anders gesagt: nur weil einem weisgemacht wird, die Unsterblichkeit oder die Erlösung oder die göttliche Siegeszusicherung sei etwas, dessen man bedürfe, kommt die entsprechende Bedürfnisbefriedigung zum Zug. Diese Bedürfnisse bestünden womöglich nicht, wären ihr die Befriedigungsangebote nicht schon zuvorgekommen. In institutionalisierter Form, als Kirche, als Gemeinschaft, ist Religion eine Bedürfnisbefriedigungsanstalt – aber ebenso eine Bedürfniserschaffungsanstalt.

Also wird man sich fragen dürfen, ob denn die Bedürfnisse, deren Befriedigung Religion bietet, sinnvolle Bedürfnisse sind – Bedürfnisse, die zum Menschsein gehören oder es doch wenigstens bereichern. Und da habe ich meine Zweifel. Wozu braucht man beispielsweise ein Bedürfnis nach Erlösung, wenn wir uns – als Menschen den Menschen – genug sein können und genug sein sollen? Ein solches Bedürfnis ist im Hinblick auf die menschliche Existenz als ganze, im Blick auf Harmonie, Zufriedenheit, ja Glück des Menschen in dieser Welt hochgradig dysfunktional: Das Erlösungsbedürfnis beeinträchtigt ein gefasstes, gelassenes Leben in der Beschränktheit, die Leben überhaupt ausmacht. Bedürfnisse geraten also leicht in Widerspruch zu anderen Bedürfnissen – sogenannte religiöse Bedürfnisse können leicht dem Gesamtinteresse des Menschen schaden. Dies hat Herr N. offensichtlich bemerkt. Er hat bemerkt, dass sein vermeintliches religiöses Bedürfnis, das Bedürfnis, von Gott erwählt zu sein, kein Bedürfnis ist, das ihm guttut. Anstatt es zu befriedigen, schafft er es schließlich ab.

Herr N. verabschiedet also ein Bedürfnis, dessen er nicht mehr zu bedürfen glaubt. Bedürfnisverzicht ist eine Grundintention der Stoa, nämlich zu sehen, auf welche Bedürfnisse man verzichten kann, und dann diesen Verzicht ins Werk zu setzen.

Sustine et abstine, «ertrage und entsage», ist dafür die Formel, die nach Epiktet ein fried- und freudvolles Dasein ermöglicht, indem man Kränkungen erträgt und von Genüssen absieht (Gellius XVII 19, 6). Die Formel besagt, man solle seinen Bedürfnishaushalt auf ein Minimum reduzieren. Religiöse Bedürfnisse sind unter den Konsumbedürfnissen die ersten, die schadlos preisgegeben werden können. Denn ohnehin ist die Bedürfnisbefriedigung in Religionsbelangen mehr versprochen als erreicht: Wer ist denn schon wirklich erlöst, wer hätte denn schon wirklich die göttliche Legitimation für seinen Krieg bekommen? Die sogenannten religiösen Bedürfnisse lassen sich kreieren, um von anderen Bedürfnissen abzulenken – wie vom Bedürfnis, seinen Hunger zu stillen. Also weg mit den religiösen Bedürfnissen!

Ebenfalls richtig hat die Kollegin erkannt, dass im Religiösen Kontingenz vervielfältigt wird. Religion erfindet eine Welt hinter dieser Welt hinzu und erhöht die Unsicherheit: Ich muss nicht nur mich und meine Mitwelt im Auge haben, wenn ich tue, was ich tue, oder denke, was ich denke, sondern höhere Mächte heischen gleichfalls nach meiner Aufmerksamkeit und Rücksichtnahme. Wäre ich weniger grimmig gestimmt, würde ich vielleicht sagen, Religion erweitere und bereichere so die von Menschen bewohnte Welt.

Der Seelenruhe ist diese Erweiterung der Gesichtspunkte allerdings, wie die Geschichte des europäischen Menschen zeigt, in hohem Maße abträglich: Nicht erst seit in der Neuzeit Zweifel an der Existenz Gottes und der Offenbarungswelt aufgekommen sind, ist diese Beunruhigung fühlbar. Das Christentum setzt von Anfang an auf Verunsicherung: auf die Verunsicherung von Juden und Heiden, denen man nicht einfach eine alternative Weltsicht anbietet, sondern mit der ewigen Verdammnis bedroht, sollten sie sich nicht bekehren. Aber es setzt auch auf die Verunsicherung der Christen selbst, sind die doch ständiger Anfechtung ausgesetzt und können des Heils nur sehr bedingt gewiss sein. Hochmütige Heilsgewissheit ist möglicherweise sogar ein Zeichen dafür, verworfen zu sein. Das Sehnen nach religiösen Gewissheiten ist eine unversiegbare Quelle unwillkommenener Beunruhigung.

Wirkungsgeschichtlich betrachtet ist das Christentum eine kollektive Hysterisierung: Worüber alles man sich nun Sorgen zu machen beginnt, belegen dogmatische und moraltheologische Handbücher in erschreckender Deutlichkeit. Die sich stoisch ruhig stellende Seele des spätantiken Menschen wird aufgepeitscht – Hitze und Angst werden geschürt, wo fast schon die Meeresstille des Gemüts erreicht war. Mit der Stoa hätte die Angst überwunden sein können. Das Christentum hat sie neu erfunden.

Religionen scheinen ein fatales Interesse daran zu haben, die Übel dort hineinzugeheimnissen, wo es bisher keine Übel gab. Sie behaupten etwa, der Mensch sei durch die Erbsünde so verdorben, dass er nur durch göttliche Gnade wieder aus dem Schlamassel gezogen werden könne, keinesfalls aber durch eigene Anstrengung. Oder sie malen aus, dass Sterblichkeit eine furchtbare Sache sei und der Mensch deswegen darauf sinnen solle, mittels rechten Glaubens der Unsterblichkeit teilhaftig zu werden.

Hilfreiche *praemeditatio mortis*, geistige Vorwegnahme des Todes, sieht anders aus. Sie findet sich beispielsweise beim Philosophenkaiser Mark Aurel (121–180 n. Chr.): Man solle stets so handeln, sprechen und denken, als müsse man augenblicklich aus dem Leben scheiden (Mark Aurel II 11) – nicht um die Freuden oder das Leiden des Jenseits vorwegzunehmen, sondern um das Hier und Jetzt sinnvoll zu gestalten. Christliche Apologeten führen dagegen ins Feld, Beunruhigung sei etwas Nützliches, weil sie uns aus unseren eingefahrenen Selbstverständlichkeiten befreie. Ja, gerne, aber bitte nicht um den Preis von Lügengeschichten, von Jenseitigem!

Religion in unserem monotheistisch-abendländischen Sinn

verlangt ein Totales, ein Universelles, ein Absolutes. Nachchristliche Moralphilosophie hat mit ihrem Appell an «Unhintergehbares» den christlichen Anspruch geerbt. Damit manövriert sie sich in die Dysfunktionalität, da die lebensweltlichen Realitäten anders aussehen: Was unser Leben, unser Handeln charakterisiert, sind Relevanzabstufungen statt Unhintergehbarkeiten: Zuerst ein scheinbar Nächstliegendes, ein sogenanntes eigenes Ich, das für besonders relevant gehalten wird – das beispielsweise meint, auf das Interesse der Anderen Anspruch zu haben. Und dann, je nach Persönlichkeitsdisposition, zeigt die Kurve der Relevanzzuschreibung rapide nach unten. Am eigenen Kind nimmt man noch Anteil, beim Nachbarskind achtet man nur noch darauf, dass es einem im Vorgarten nicht die Blumen zertrampelt. Und das Kind an einer südlichen Ausfallstraße von Gaza Stadt ist einem völlig egal. Man sollte sich nun nicht in moralischer Entrüstung üben, denn für ein endliches Wesen ist Relevanzabstufung überlebensnotwendig. Wie werden die Grenzen gezogen? Wo liegt die Relevanzschmerzgrenze – was liegt darunter, was darüber? Eine entscheidende Aufgabe jeder «Moralphilosophie» ist es, diese Relevanzabstufungen ernst zu nehmen. Nichts wäre unsinniger als eine abstrakte, unbedingte Verantwortung aller für alles. Das hat Herr N. sehr wohl begriffen, weshalb er auslotet, was für ihn relevant ist, und sich keinen Universalismen hingibt. Auch dies ist eine Form stoischer Bescheidenheit und Bedürfnisabstinenz.

Wissenschaftliche Weltanschauung

Also wäre, treibt N. seine Überlegungen weiter, ein wohlsortiertes Set vernünftiger Überlegungen mit wissenschaftlicher Absicherung, ein auf Vernunft und Erfahrung gründendes Denkgebäude die bessere Gesellschaft als Menschen und Götter. Dieses Denkgebäude müsste ein verlässliches System sein, das ihn darüber aufklärt, was wirklich und was unwirklich, was wahr und was unwahr ist, ein Raster, das sein Denken leitet, sein Handeln bewegt und sein Fühlen ausschaltet. In diesem Denkgebäude müsste man so heimisch werden, dass man nie wieder Lust verspürt, es zu verlassen.

N. entsinnt sich entsprechender Angebote aus Studientagen, die er in arroganter Verachtung alles Festen und Gefügten ausgeschlagen hat. Die Soziologie und die Psychologie waren die Hauptfelder, auf denen die Denkgebäude damals errichtet und zäh verteidigt wurden. Nun besorgt er sich zwei Einführungen in die Soziologie, nach deren hastiger Lektüre er darüber verstimmt ist, dass der Anfang und das Ende dieser Wissenschaft in der Gesellschaft mit anderen Menschen liegt – einer Gesellschaft, die er möglichst vermeiden will. Er will sich nicht sagen lassen, der Mensch sei ein gesellschaftliches Tier und die Wirklichkeiten, die er bewohnt, seien sozial konstruiert. N. liest, auch das Ich sei nichts weiter als eine solche Konstruktion, eine soziale Funktion. Das ist nicht die «wissenschaftliche Weltanschauung», die er zu gewinnen hoffte und bei den nächsten beiden Lektüreposten – Psychoanalyse und Poststrukturalismus – gleichfalls nicht findet.

Dort erweist sich das eben noch sozial konstruierte Ich als mausetot, fast unbemerkt verschieden während des letzten Aufbäumens «der Metaphysik».

Auch nach dem Besuch eines Vortrags über «Methoden und Anwendungsfelder der empirischen Psychologie heute» fühlt sich N. nicht viel schlauer. Auf seine naive Frage, ob es auch eine nichtempirische Psychologie gebe, meint der Referent, das falle nicht in sein Feld.

Also müssten andere Leitdisziplinen, nämlich Ökonomie und Naturwissenschaften, N.s Bedürfnis nach festen Horizonten befriedigen. Dass er sich auf einem Markt der Güter und der Meinungen bewege, scheint ihm allerdings eine Erkenntnis, für die er keiner Wissenschaft bedarf, die Lebensleitungsansprüche stellt. Dass die Ökonomen notorisch uneinig sind, was aus dieser Einsicht folgt und folgen soll, hat nicht einmal die Kraft, N. zu irritieren.

Also sollen ihn die harten Naturwissenschaften, von der modernen Physik zur Biologie, von der Genetik zur Gehirnforschung, weiterbringen. Immerhin ein paar Wochen lang kommt N. die schroffe Ausschließlichkeit des reinen Naturalismus würdig, geradezu erhaben vor. Dass es nichts gebe außer der Materie, dass alles Bewusstsein nur «epiphänomenal» sei, also ein völlig verzichtbarer Begleitumstand rein physischer Prozesse, hat für N. etwas Euphorisierendes. Da gibt es doch die Eindeutigkeit des Antriebs, nämlich der körperlichen Vorgänge und ihrer genetischen Programmierung – eine Eindeutigkeit, die N. anderswo vermisst hat. Es ist tröstlich, weder eine Seele noch einen Geist noch einen freien Willen besitzen zu müssen. Man kann auf so vieles verzichten, wenn ein paar Synapsenschaltungen reibungslos funktionieren.

Jedoch hält N.s Freude an dieser Entlastung nicht an. Auf Dauer findet er es unerquicklich, ständig bewusst sein Bewusstsein leugnen zu müssen, um sich als Naturwesen unter Naturwesen zu fühlen – zumal dieses Fühlen selbst ja nur ein Epiphänomen ist, auf das es nicht ankommt. Die Eindeutigkeit vieler wissenschaftlicher Antworten provoziert N.s Widerspruch. Obwohl dieser Widerspruch nur ein Aufbäumen seiner materiellen Natur sein mag – in Abrede stellen lässt er sich nicht. Der Widerspruch verwandelt sich in Widerwillen. «Wissenschaftliche Weltanschauung», überhaupt «Weltanschauung» um den Preis der Weltschrumpfung scheint N. teuer erkauft. Er schwört auch den Naturwissenschaften ab und beschließt, nur noch seinem Ich zu huldigen. Denn seinen aus Jugendtagen wiederkehrenden Auserwähltheitsdünkel hat der Naturalismus, der N. als Naturwesen unter Naturwesen zurückstellt, nicht befriedigen können.

Die Diagnostikerin

Das geht mir alles ein bisschen schnell. Mich irritiert die Forschheit, mit der N. sich eine wissenschaftliche Weltanschauung zu- und sie wieder ablegt. Zunächst wäre es für N.s Entwicklungsgang wünschenswert, wenn er sich nach seinen spätpubertären Entfremdungsanwandlungen und religiösen Capricen sicher im Hafen weltlicher Erkenntnis einfände, seine Sache nun auf das Fundament der Wissenschaft stellte und künftig kein Haarbreit von der erkannten Wahrheit abwiche. Man mag ja N.s Bestreben gutheißen, sich über die Pseudowissenschaften Soziologie, Psychoanalyse und Ökonomie allmählich in seriösere Gefilde emporzuarbeiten. Aber ich bedauere doch das rasche Abflachen von N.s Anstrengungen, sich wissenschaftlich für das Dasein zu rüsten. Gerade die harten Wissenschaften hätten N. vielleicht letzte Antworten geben können.

Immerhin waren schon die antiken Stoiker davon überzeugt, sie bräuchten letzte Antworten, um das Leben einigermaßen erträglich zu gestalten. Die Stoa ist ein Versuch, unumstößliches Wissen zu begründen und aus diesem unumstößlichen Wissen der Persönlichkeit eine feste Form zu verleihen. Dass sich dieses Wissen im Nachhinein als umstößlich herausgestellt hat, tut dem Projekt der Persönlichkeitsgestaltung durch Wissen eigentlich keinen Abbruch, fordert vielmehr dazu heraus, es auf der Grundlage moderner Wissenschaft zu erneuern.

Glücklich leben heißt, der Natur gemäß leben – bringt Seneca eine alte Forderung seiner Schule auf den Begriff (*Über das glückliche Leben* VIII 2, *Schriften* 2, 18). Die Ausgangsformel bei Zenon lautete: «übereinstimmend leben» (SVF I, 184); die Natur musste noch nicht bemüht werden. Einstimmigkeit, Harmonie empfahl sich von selbst als vernunftgemäß. Erst Kleanthes fügte die Natur hinzu, und Chrysipp meinte, man solle «einstimmig mit der Erfahrung der Natur» (SVF III, 4) leben. Es lohnt sich, diese stoische Forderung zu überdenken in einer Gegenwart, die gelernt hat, die Dinge – gerade auch die menschlichen Dinge – als natürlich determiniert zu verstehen.

Die stoische Forderung des Naturgemäß-Lebens ergäbe freilich wenig Sinn, wenn wir ausschließlich natürlich-biologische Wesen wären. Wir könnten gar nichts tun, was gegen «die» oder gegen «unsere» Natur ist. Alles (auch das sogenannte Böse) wäre immer schon Natur. Viel wichtiger ist die Frage, ob wir tatsächlich so etwas wie theoretische Gewissheit, ein Wissen um die wahre Natur der Dinge benötigen. Immerhin könnte N. in die Falle ideologischer Selbstverfehlung tappen. Ich zweifle, dass irgendeine Weltanschauung, und mag sie noch so «wissenschaftlich» sein, dem unerhörten Reichtum der Welterfahrung und der Selbsterfahrung gerecht wird. N.s baldige Abwendung von wissenschaftlichen Weltanschauungsangeboten bringt die Einsicht in das prinzipielle Ungenügen solcher Angebote zum Ausdruck.

Man könnte weitergehen und sagen, gerade die «wissenschaftlich-weltanschaulich» Überzeugten seien die größte Gefahr für ein friedliches und tolerantes menschliches Zusammenleben. Oft genug werden solche Leute zu finsteren Überzeugungstätern, ja Überzeugungsattentätern, die nichts und niemanden mit ihrem unbedingten Rechthabenwollen verschonen. Auch sich selbst verschonen sie damit nicht, so dass Überzeugungstäter in ständiger Beunruhigung leben. «Nicht die Sachen selbst beunruhigen die Menschen, sondern die Meinungen darüber» (Epiktet, *Handbüchlein*, Kap. 5, S. 19).

Allerdings hat Epiktet selbst an ein felsenfestes, wahres Wissen geglaubt, das er säuberlich von bloßen Meinungen unterschieden wissen wollte. Aber heute erscheint die theoretische Gewissheit, die die Stoiker der Antike ebenso zu besitzen wähnten wie die Wissenschaftsideologen der Gegenwart, als ein tröstliches Luftschloss, als eine Lüge. Man hat nie genügend Informationen, genügend Übersicht, um daraus eine allgemeine Erkenntnis ableiten zu können, wie das Ganze, die Welt beschaffen ist. Wenn man mit Hilfe der Wissenssoziologie (vgl. Elias, *Engagement*, 9–18) das moderne naturwissenschaftliche Wissen als ein distanziertes Kontrollwissen versteht, das durch Distanzierung die außermenschliche Natur beherrschbar macht, dann ist der Anspruch auf Gesamterklärung der Welt eine unzeitgemäße Illusion. Ursprünglichere Gesellschaften, denen ein solches distanziertes Kontrollwissen noch fehlte, haben demgegenüber eine solche Gesamterklärung gegeben, indem sie überall – im Wechsel der Mondphasen, in Dürre und Überschwemmung, im Wachstum von Pflanzen und im Auftreten von Krankheiten – jeweils einen Willen am Werk sahen, den sie dämonisierten oder vergöttlichten. Noch der erste griechische Philosoph, Thales von Milet (ca. 624–547 v. Chr.), soll gesagt haben, alles sei «voll von Göttern» (DK 11 A 22). Für solche Gesellschaften ist eine Verwillentlichung, eine Voluntarisierung der Wirklichkeit charakteristisch. Die Abstraktionsleistung, die die griechischen Philosophen, namentlich die Stoiker, erbracht haben, liegt vor allem darin, die Vielfalt der Willen, von der die Welt bevölkert schien, auf einen einzigen göttlichen

Universalwillen reduziert zu haben, auf ein einziges Prinzip, das als Vernunft alles durchwaltet.

Philosophen verbringen noch in unseren Tagen ihre Zeit gerne damit, die Welt als ganze sinnvoll zu reden. Sie wollen eine Welt erschaffen, die uns etwas angeht, eine Welt, in der wir aufgehoben und geborgen sind. Man mag darüber spekulieren, ob die Erschaffung einer vernünftigen, uns angehenden Welt, in der wir uns nicht mehr fremd zu fühlen brauchen, die lebensweltliche Erfahrung der Philosophen wettmachen soll, nicht dazu zu gehören, kein nützliches Glied der Gesellschaft zu sein. Jedenfalls ist kaum von der Hand zu weisen, dass die Erfindung einer «wissenschaftlichen Weltanschauung», mit der die Welt für sinnvoll erklärt werden soll, eine Wunschprojektion darstellt – nützlich vielleicht, um unsere täglichen Geschäfte zu verrichten, darum aber um nichts weniger illusorisch.

Philosophie ist mit ihrem Streben nach Gesamterklärung, nach Gesamtsinnvollerklärung der Welt eine archaische Denkform. Modernes wissenschaftliches Denken demgegenüber spezifiziert und differenziert. Es legt damit nahe, dass «der» Welt wir Menschen eigentlich egal sind, dass weder hinter noch in der Welt ein uns mitbedenkender, mitberücksichtigender Weltwille steht, ja, dass die Rede von «der» Welt irreführend und nur ein Behelfsmittel ist, mit der wir die unendliche Mannigfaltigkeit auf einen Nenner bringen. Das wissenschaftliche Denken distanziert und desillusioniert.

N. liegt also gar nicht falsch, wenn er nach ein paar fehlgehenden Anläufen darauf verzichtet, sich das Unding einer «wissenschaftlichen Weltanschauung» zu Eigen zu machen, denn derlei muss bei einiger intellektueller Redlichkeit als eine trostlose, keineswegs lebensförderliche Angelegenheit erscheinen. Da wäre es noch besser, sich auf das archaische Trachten der Philosophie zu besinnen, das kosmische Ganze für sinnvoll zu erklären. Dieses Trachten hat in der modernen, arbeitsteiligen

Welt eine anarchistische Schlagseite: Die Sinnvollerklärung ist ein Störfaktor im Wissenschaftsgefüge, denn Philosophie in diesem alten Sinne ist kein distanziertes, sondern ein vereinnahmendes, ein die unendliche Mannigfaltigkeit kühn überwölbendes Denken. Philosophie als Störfaktor im modernen Wissenschaftsgefüge ist wesentlich ein Fundus des Anders-Denkens. Philosophie stellt alternative Denk- und Weltanschauungsformen wieder her; sie ist ein Blick in die Vergangenheit der Gattung.

Je mehr der Mensch in die Lage gekommen ist, durch Technik die Natur zu beherrschen, desto weniger benötigt er eine Erklärung für die Welt als ganze. Durch Technik halten wir uns die Natur auf Abstand und haben es nicht mehr nötig, sie als ganze für sinnvoll zu erklären. Wir richten uns eine Welt ein, die sinnvoll ist, weil sie nach menschlichen Maßstäben gestaltet ist, weil sie – zumindest in weiten Teilen – menschlichen Bedürfnissen angepasst ist. Mit den Restbeständen an ungestalteter Natur, die uns in unserer Lebenswelt gelegentlich begegnen, können wir – Irritationen wie Wirbelstürmen, Erdbeben und Vulkanausbrüchen zum Trotz – gelassen umgehen, ohne in ihnen höhere Mächte am Werk sehen zu müssen. Wir brauchen das Ganze nicht für sinnvoll zu erklären, wenn wir die von uns bewohnten Teile der Welt sinnvoll gestalten. Was den Sinn der Welt als ganzer angeht, sollten wir uns, falls uns an stoischer Unerschütterlichkeit gelegen ist, in Bescheidenheit üben. Um unserer Seelenruhe willen ist es angemessen, auf eine metaphysische Ummantelung zu verzichten. Auch ohne derlei Ummantelung wird man nicht mehr frieren, als es nun einmal in einer von Menschen für Menschen gemachten Welt unvermeidlich ist.

Wissenschaftliche Weltanschauung ist bei Lichte besehen eine höchst paradoxe Angelegenheit. Denn Wissenschaft dient in ihren technischen Umsetzungen dazu, existenzielle Unsicherheiten und somit theoretische Gewissheitsbedürfnisse abzubauen. Mit einer wissenschaftlichen Weltanschauung will man hingegen jene Bedürfnisse befriedigen, die die Wissenschaft durch die Präparierung einer von Menschen für Menschen gemachten Welt gerade abschafft. Eine wissenschaftliche Weltanschauung muss den Glauben an dem Menschen angeborene Gewissheitsbedürfnisse sowie diese vorgeblichen Bedürfnisse selbst wieder schüren, nachdem die Technik gewordene Wissenschaft sie praktisch widerlegt hat.

«Die Natur» erscheint uns idyllisch, wenn wir an einem lauen Sommertag auf einer Waldlichtung sitzen, weil sie uns eigentlich nichts angeht. Wir blicken nur ganz oberflächlich darüber hinweg, sehen das satte Grün, hören das Zirpen, das Piepsen, das Singen und halten alles für ein uns zuliebe aufgeführtes Schauspiel. Für die zirpenden, piepsenden und singenden Wesen ist hingegen all das gar kein Schauspiel, sondern Leben (um nicht zu sagen: Kampf ums Dasein). Wir müssen an der Natur fundamental desinteressiert sein, um sie pittoresk zu finden. Das ist auch eine Form naturgemäßen Lebens.

Der theoretische Gewissheitsbedarf, der sich in der Erfindung einer Religion, einer Metaphysik oder einer wissenschaftlichen Weltanschauung gleichermaßen ausprägt, ist eine Verschiebung des lebensweltlichen, des praktischen Gewissheitsbedarfs, den man nicht auf die gewünschte Weise befriedigen kann. Mangels solcher Befriedigung zu Zeiten fehlender Weltgestaltungsmöglichkeiten – etwa bei den stoischen Philosophen im Hellenismus – hat man einst Welttotalerklärungen erdacht, mit denen man die lebensweltlichen Unsicherheiten auszugleichen hoffte. Wahrscheinlich gibt es gar kein theoretisches Gewissheitsbedürfnis; wahrscheinlich will der Mensch gar nicht über das Ganze und Letzte unterrichtet sein, so lange man ihm ein solches theoretisches Gewissheitsbedürfnis nicht aufschwatzt und ihm verspricht, es würden sich mit der Befriedigung dieses Bedürfnisses, wahlweise mit Religion, Metaphysik oder wissenschaftlicher Weltanschauung, alle existenziellen

Verunsicherungen in Luft auflösen. Dass dieses theoretische Gewissheitsbedürfnis nicht zur Gattungsausstattung des Menschen gehört, belegt auch die Tatsache, dass es sich in modernen Gesellschaften mehr und mehr verflüchtigt. Es ist ein fundamentaler Irrtum, zu meinen, nur die alten Angebote zur Befriedigung der Gewissheitsbedürfnisses hätten während der letzten zweihundert oder dreihundert Jahre ihre Glaubwürdigkeit und Integrationskraft verloren. Vielmehr schwindet das vorgebliche Bedürfnis selbst, und zwar in einer Geschwindigkeit, die alle Verwalter von Welttotalerklärungen heillos erschreckt, weswegen sie über die Glaubenslosigkeit und die Indifferenz als kulturelle Verfallserscheinungen lautstark zu lamentieren pflegen.

Glaubenslosigkeit und Indifferenz sind vielmehr ein intellektueller Fortschritt. Weil wir uns in einer Welt der vorletzten Dinge einigermaßen einzurichten und existenzielle Unsicherheiten einzudämmen verstehen, verabschieden wir uns langsam vom sozialen Gebot, letzte theoretische Gewissheiten zu ergreifen. Es ist uns schlicht die Nötigung zu solchen Gewissheiten abhanden gekommen. Die gelegentlich aufflackernden religiös-weltanschaulichen Rasereien, die modernen Gesellschaften beileibe nicht fremd sind, beweisen weniger die Unausrottbarkeit des theoretischen Gewissheitsbedürfnisses als vielmehr Schwankungen des existenziellen Gewissheitspegels: Nehmen im ökonomischen, sozialen und politischen Feld die Unsicherheiten zu (wogegen keine Gesellschaft, erst recht keine dank ihrer Komplexität hochanfällige moderne Gesellschaft gefeit ist), findet wieder die seit Jahrtausenden eingeübte Verschiebung auf das Feld von Religion, Metaphysik und Weltanschauung statt. Dies aber ist nicht mehr als eine Verlegenheitslösung, ein fauler Zauber. Die Freiheit des modernen Menschen besteht wesentlich darin, weder theoretische Gewissheiten noch ein Bedürfnis nach theoretischen Gewissheiten haben zu müssen. Freiheit ist wesentlich eine Freiheit von letzten Überzeugungen und von Überzeugungsbedürfnissen.

Übrigens haben bereits in der Antike die skeptischen Pyrrhoneer und die skeptischen Akademiker genau das verstanden. Sie haben ihren stoischen Konkurrenten auf dem philosophischen Markt geduldig nachgewiesen, dass das Gewissheitsbedürfnis, das sich in der Stoa metaphysisch versteinert, pathologisch bedingt sein müsse. Warum soll, hat der Skeptiker den Stoiker gefragt, jemand über die letzten Dinge Gewissheit gewinnen wollen, wenn er nicht einmal über die vorletzten Dinge irgendwelche Gewissheit erlangen kann?

N. arbeitet sich aus der Befangenheit von Überzeugungen langsam heraus. Er prüft die weltanschaulichen Angebote und stellt fest, dass es da kein Gutes zu behalten gibt. Gewissheiten erscheinen ihm als existenzielle Hindernisse, nicht als Lebensbewältigungshilfsmittel.

Der Therapeut

Die Diagnostikerin unterscheidet nicht zwischen Unsicherheit und Ungewissheit, zwischen Sicherheit und Gewissheit. Das bunte Durcheinander könnte zunächst den Eindruck erwecken, mit wissenschaftlicher Gewissheit, also fest gegründetem Wissen über bestimmte Zusammenhänge in der Welt, könnten Herrn N.s existenzielle Probleme (gesetzt, er habe solche) aus dem Weg geräumt und durch lebenspraktische Sicherheit ersetzt werden. Aber die werte Kollegin misstraut am Ende der Erreichbarkeit wissenschaftlicher Gewissheit und meint, eine wissenschaftliche Weltanschauung würde Herrn N. nicht helfen.

Richtig ist, dass die antiken Stoiker theoretisch-wissenschaftliche Gewissheit und praktisch-existenzielle Sicherheit verquickt haben, zumal sie von der Unumstößlichkeit ihrer theoretischen Einsichten überzeugt waren. Es hat sich nicht einfach um einzelne Einsichten gehandelt, sondern um ein geschlossenes System von Einsichten, das in seiner Geschlossenheit genau mit der Geschlossenheit der stoischen Lebensdisziplin übereinstimmte. Diese Übereinstimmung ist allerdings verloren, weil es kein geschlossenes System von wissenschaftlichen Einsichten mehr gibt. Es fehlt Gesamtgewissheit im Erkennen, selbst wenn man an der Gewissheit zahlreicher Einzeleinsichten festhält. Aber mit einzelnen, mehr oder weniger zusammenhängenden Gewissheiten lässt sich praktisch-existenzielle Sicherheit weder begründen noch abstützen.

Für den modernen Stoiker folgt daraus, dass er sich nicht mehr auf die strikte Korrespondenz von theoretischem Wissen und praktischer Lebensgestaltung verlassen kann, weil die theoretische Gewissheit als geschlossenes System von Einsichten weggebrochen ist. Ein moderner Stoiker muss also in Kauf nehmen, dass Gewissheit und Sicherheit nicht zusammengehen und dass eine wesentliche Motivationsgrundlage für die rigorose Disziplin in der Lebenspraxis entfällt, nämlich die Überzeugung, genau das zu tun, was der theoretischen Einsicht in die wahre Natur der Dinge entspricht. Eine gewisse innere Gebrochenheit des modernen Stoikers ist die Konsequenz, nämlich etwas zu tun – sich eine rigorose Disziplin in der Lebenspraxis aufzuerlegen –, ohne zu wissen, ob dies «gemäß der Natur» ist. Er wird daher gut beraten sein, bei der Rigorosität seiner Disziplin Abstriche zu machen, um für neue Erkenntnisse, was «gemäß der Natur» sein könnte, Platz zu haben.

Eine wesentliche Lektion für uns alle – Herrn N., die Diagnostikerin und mich eingeschlossen – besteht darin, von der Fixierung auf bestimmte Wissensinhalte, Lehren und Glaubenssätze abzugehen. Es geht bei der Frage, wie ich dem eigenen Leben Struktur gebe, viel weniger darum, wovon ich überzeugt bin, als darum, eine bestimmte *Haltung* zu kultivieren. Keine bestimmten theoretischen, überindividuell verbindlichen Gewissheiten helfen mir dabei, vielmehr situative Einsichten in das Angemessene. Es geht darum, eine solche Haltung einzuüben, und nicht an Argumenten zu feilen oder dialektische Winkelzüge auszuhecken. Haltung einzuüben bedeutet, dem Leben eine individuelle Form zu geben, die den eigenen Einsichten entspricht, ohne dass diese Einsichten Gewissheiten wären oder anderen zugemutet werden. Die antiken stoischen Weisen hatten einem einzigen, verbindlichen Muster zu gehorchen, weil es nur eine einzige Gewissheit gab. Dementsprechend uniform erscheinen sie uns heute – als schematische, sphinxhaft versteinerte Verkörperungen eines unverrückbaren Ideals.

Moderne Stoiker hingegen sind starke Individuen. Sie haben keine definitiven Ansichten, nach denen sie ihr Leben einstellen, wie man eine Uhr einstellt. Sie üben Informationsaskese und verabschieden damit zweieinhalbtausend Jahre abendländische Geistesgeschichte, die wesentlich eine Geschichte von Überzeugungen war. So lange mindestens hat man das Fürwahrhalten an sich heilig gesprochen. Auf Überzeugungen als solche geben moderne Stoiker nichts.

Kult der Dinge

Eine Weile berauscht N. sich an einem plötzlich sehr festen Willen, nur noch sein Leben leben zu wollen. Eine Weile sucht er atemlos nach neuen Requisiten, mit denen er sein Leben bevölkern könnte – nach stummen Requisiten diesmal, die nicht ständig dazwischenreden, nach echten Requisiten. Solange die Weile anhält, erfreut er sich der Überzeugung, unbelebte Dinge seien die besseren Lebenspartner als es Menschen, Hunde, Religionen und wissenschaftliche Weltanschauungen je sein könnten. Die Dinge sind nicht widerspenstig, sie haben keinen Willen, der sich N. widersetzen könnte.

N. fängt an, die Kräfte, die ihm neu zuwachsen, auf den Erwerb von allerlei Gegenständlichem zu konzentrieren. Das Sirren und der physische Widerwille gehen zurück. Zunächst schafft er sich ein ganzes Set Sportschuhe an, ohne die Absicht zu haben, sie im Fitnessstudio auch zu gebrauchen. Dann ist es Schreibgerät, auf das er seinen Jagdtrieb ausdehnt: schwere Kugelschreiber aus Titan, Bleistifte aus Tropenholz, Füllfederhalter, zuerst vernickelt, später versilbert, Schreibgerät bald kantig und pompös, bald in milderen, abgerundeten Formen, der Hand schmeichelnd. Diese Hand hat bislang noch nie Schreibgerät benutzt, um damit etwas Eigenes zu Papier zu bringen, etwas, was nicht mit Geschäftszahlen, nicht mit Anweisungen für Mitarbeiter und Familienmitglieder, nicht mit Sitzungsdetails zu tun hatte. Jeden Tag nimmt N. nun ein anderes Schreibgerät mit ins Büro, legt es für alle sichtbar auf den Schreibtisch, spielt damit während Besprechungen, malt damit Strichmännchen, während er telefoniert. N. ist kaum verwundert, als er merkt, dass seinen Strichmännchen meist Kopf und Füße fehlen.

Er verlegt die ihn nach und nach absorbierende Sammelleidenschaft auf Armbanduhren, anfangs auf jene missachteten Stücke aus Plastik, die ihr kümmerliches Dasein auf Flohmärkten fristen. Bald giert er nach exklusiveren Fabrikaten, Uhren mit *grande complication*. Die limitierten Rotgold- und Platin-Versionen liegen jenseits von N.s finanzieller Reichweite; er hofft auf Schnäppchen und macht das eine oder andere, wenn auch nicht in Rotgold oder Platin.

In drei Vitrinen, die kaum in seiner Studentenbude Platz finden, stellt N. seine Schätze zur Schau. Ganze Abende verbringt er damit, die Anordnung der Objekte zu verändern: Schreibgeräte und Uhren gemischt, Schreibgeräte und Uhren apart, Turnschuhe am Fuß in Reih und Glied. Und unablässig sucht er das Neue, das noch Ungesammelte. In der greifbaren Wirklichkeit der Dinge scheint ihm Bodenhaftung, Sicherheit versprochen. N. glaubt, mit den gesammelten Dingen seinem Leben Form geben zu können. Doch die Dinge, die er hat, genügen ihm für diese Formgebung nicht. Er benötigt immer mehr davon, eine stete Steigerung der Anschaffungshäufigkeit, um sich inmitten seiner Gegenstände noch einigermaßen wohl zu fühlen. Es ist N., als ob sein «Wohlfühlpegel», wie er das nennt, rapide sinke, wenn er keiner neuen Objekte habhaft werden kann. Er beginnt zu verzagen angesichts all der Schreibgeräte und Uhren, die er noch nicht gesammelt hat. Die ihm neu zugewachsenen Kräfte schwinden. Sein Anschaffungseifer wird panisch.

N. mausert sich zum Sonderling, dem die Menschen und die Welt egal sind, und verlegt sich auf die Anhäufung nutzloser Artefakte, die er als ausgestopfte Tiere subtiler Jagden in seine Vitrinen packt und um die er wie ums Goldene Kalb herumtanzt. Man könnte meinen, N.s Verlangen, bar jeder Besonnenheit tote Güter um jeden Preis zusammenzuraffen, zeige, was dabei herauskommt, wenn jemand auf jede bindende Überzeugung, auf jeden Maßstab verzichtet. N.s Sammelleidenschaft wirkt wie das Feigenblatt einer entleerten Existenz, deren Entleerung daher rührt, dass sie sich aller überindividuellen Einfügung verweigert. N.s rebellisches Gemüt hat sich gegen jede Form der Einfügung gewehrt und sie als Fremdherrschaft abgewiesen.

N. erliegt der von den alten Philosophen als Erzübel gebrandmarkten Pleonexie, dem Mehr-Haben-Wollen, das sich bei nichts Erlangtem aufhalten, mit nichts Erreichtem begnügen kann. Wie gleichgültig die irdischen Güter sind, denen N. nachläuft, kann man bei den Stoikern überall nachlesen. Wer sich um diese Güter schert, verspielt zwangsläufig sein inneres Glück. «Wie passt es zusammen, dass du Diogenes und Daedalus bewunderst? Wer von ihnen beiden scheint dir weise zu sein? Derjenige, der die Säge ausgedacht hat, oder derjenge, der, als er einen Jungen aus der hohlen Hand Wasser trinken sah, sofort seinen Becher aus dem Ranzen holte und ihn zerbrach, sich selbst scheltend: ‹Wie lange habe ich Dummkopf überflüssiges Gepäck gehabt?› Derjenige, der sich in einem Fass zusammenrollte und darin wohnte?» (Seneca, *Briefe an Lucilius* 90, 14, *Schriften* 4, 348–351) Der besinnungslosen Gier sollte man – und gerade die Wirtschaftskrise lehrt es – nach dem Vorbild des Kynikers Diogenes von Sinope (ca. 399–323 v. Chr.) mit totalem Bedürfnisabbau begegnen und seine einzigen Besitztümer in geistigen Dingen sehen. Mehr-Haben-Wollen ist nichts weiter als eine Flucht vor sich selbst: Man häuft Dinge um sich an, um sich den Blick auf die eigene Erbärmlichkeit zu verstellen.

Aber ist N.s Lage wirklich so verzweifelt, dass nur radikalste Lösungen wie der völlige Verzicht Abhilfe schaffen können? Zunächst gelingt es ihm immerhin, aus seiner Beschäftigung neue Lebensenergien zu ziehen. Man könnte auch einwenden, er schaffe mit seiner Sammlung etwas, was dauerhaft Wert hat – Wert im überökonomischen Sinn. Eine Sammlung ist auf ihre Weise eine kreative Leistung. Das Arrangement der Dinge – der Sportschuhe, der Schreibgeräte, der Uhren – stellt ein eigenständiges Werk dar, mit dem N. aus sich, aus dem Zirkel der Selbstbespiegelung heraustritt und die Welt mit etwas bereichert, was für andere bedeutsam sein könnte – für andere Betrachter seiner Sammlung.

Man kann sich ein Scheitern jedoch auch als kreative Leistung schönreden. Die Symptome belehren drastisch genug darüber, dass N. sich an einer nicht schönzuredenden Wirklichkeit den Kopf einzurennen im Begriff ist. Was N. da sammelt, ist verräterisch: Sportschuhe, nachdem er sportlicher Betätigung entsagt hat, Schreibgeräte, ohne damit etwas Gehaltvolles zu schreiben, um stattdessen Papier mit fuß- und kopflosen Strichmännchen zu besudeln. Das riecht nach klassischen Ersatzbefriedigungen für ein nicht gelebtes Leben. Und dann sind da noch die Uhren: N. meint wohl, Herr über die Zeit zu werden, indem er ihre Messinstrumente mit *grande complication* um sich versammelt. Er glaubt, auf diese magische Weise die Zeit anhalten zu können. Aber sie verrinnt ihm unerbittlich.

Ganz auszuschließen ist freilich nicht, dass das Sammeln einen Gewinn an Standfestigkeit für N.s Leben bedeuten könnte. N. geht von der Vermutung aus, Gegenstände gäben seinem ungeformten Leben Form. Nicht zufällig sind es gerade pubertierende Knaben, die sich mit Vorliebe Sammeleien hingeben und dadurch an Festigkeit, Verlässlichkeit des Charakters gewinnen. Empfindet man sein eigenes Leben als ungefügt und ungefestigt, sucht man sich Sicherheit zunächst im Umgang mit anderen Hominiden, nach der dabei unausweichlichen Enttäuschung in allerlei religiösen und ideologischen Überzeugungen, um bei einiger Aufmerksamkeit und bei nicht ganz unterbelichtetem Reflexionsvermögen festzustellen, dass die Wirklichkeit nicht zu Religion und Ideologie passen will. Daraufhin kann man entweder die Wirklichkeit weglügen: Wenn die Ideologie oder Religion nicht zur Wirklichkeit passt, umso schlimmer für die Wirklichkeit! Oder man gesteht sich ein, dass Ideologie und Religion nichts taugen. Dann benötigt man ein anderes Selbststabilisierungsmittel. Und da kann die intensive Beschäftigung mit der gegenständlichen Welt heilsam wirken. Erstens bedeutet diese Beschäftigung, die Wirklichkeit ernst zu nehmen, ohne sie mit Religion oder Ideologie zu verstellen. Zweitens ist dieser gegenständlichen Welt, wie N. erkennt, eine Verlässlichkeit eigen, die menschlichen Beziehungen ebenso fehlt wie Ideologien und Religionen. Die Dinge in N.s Sammlung mögen zwar nicht unvergänglich sein, jedoch ist ihre Dauerhaftigkeit derer von N.s eigenem Leben weit überlegen: Es wird seine Uhren und Schreibgeräte noch geben, wenn er selbst längst nicht mehr ist.

Doch darf man es sich nicht zu einfach machen: Selbststabilisierung ist nur die eine Seite des positiven Effekts, den Sammeln mit sich bringt – Selbststabilisierung durch die Stabilität der Dinge, des Arrangements der Dinge in der Sammlung. Es findet – und das ist die andere Seite – im Akt des Sammelns eine Selbstdynamisierung statt, wie sich am erwachenden Jagdtrieb und am Energiezuwachs zeigt, den N. verspürt. Die Suche nach dem Neuen, dem Unbekannten, dem Ungesammelten gibt zur Stabilität und Statik ein ideales Gegengewicht. N. igelt sich im künstlichen Paradies seiner Dinge nicht einfach ein, sondern ist auf ständige Erweiterung, auf ständige Grenzverschiebung bedacht, indem er nach neuen Dingen strebt. Er befreit die weithin verachteten Gegenstände seiner Leidenschaft aus dem sklavischen Dasein, das sie – in Mittel-Zweck-Relationen gepresst – sonst fristen müssen. Die Dinge werden in der Sammlung geadelt, sie werden emanzipiert aus den Zwängen bloßer Funktionalität. N. macht seine Dinge zum Selbstzweck.

Doch er vergisst über den toten Dingen die Menschen, die einzig und allein würdig sind, nicht als Mittel, sondern immer auch als Zwecke betrachtet zu werden. Die befreiten Dinge unterwerfen ihren Befreier dem Zwang, immerzu weitere Gegenstände erwerben zu müssen, ohne dass er selbst dies wirklich will. Ein krankhafter Zug von N.s Sammelleidenschaft tritt hier zutage, personifiziert er seine Dinge und seine Sammlung doch zusehends und schreibt ihnen einen Willen zu, den sie natürlich nicht haben. Und das tut er, weil er echte Mitmenschlichkeit entbehrt und seine Dinge zu Ersatzmenschen stilisiert, also an seiner Vereinsamung so sehr leidet, dass er sich ein magisches Weltbild zurechtlegt, das nichts weiter als ein Wahngebilde ist. N. hat erwartet, seine dingförmigen Ersatzmenschen beliebig manipulieren zu können, was ihm mit den echten Menschen glücklicherweise nicht gelungen ist. Jetzt aber, bei den Dingen, die sich jede Manipulation still gefallen lassen, projiziert N. die Eigenwillenskraft, die er bei anderen Menschen verspürt hat, auf das Tote und Stoffliche. N. leidet an einer Persönlichkeitsdeformation, die sich in der Regression in frühkindliche Allmachtsphantasien äußert, als ob die Welt nur für ihn da sei. Zugleich hat sich ihm die Widerständigkeit dessen, was nicht Ich ist, so sehr als Kränkung eingeprägt, dass er überall verletzt zu werden glaubt, selbst wo gar keine Kränkung, keine Widerständigkeit da ist. N. gelingt es nicht, die Widerständigkeit, das Anderssein des Nicht-Ichs in seine Existenz zu integrieren und sich zu der Erkenntnis durchzuringen, dass er keineswegs zum Allmachtssubjekt berufen sei, sondern die Widerständigkeit gelassen ertragen sollte. N. greift nicht wie andere, zum Größenwahn neigende Zeitgenossen zu der praktischen Lösung, alles Weltgeschehen als von ihm selbst gewollt auszugeben und damit den Eigenwillen anderer Menschen zur bloßen Modifikation des eigenen (und selbstverständlich einzigen) Willens zu erklären. Vielmehr wähnt N. in jeder Widerständigkeit, die ihm begegnet, einen bewussten Anschlag auf seine Souveränität, eine Rebellion gegen seine Göttlichkeit. Da nun selbst die toten Dinge, mit denen N. sich umgibt, weil er andere Menschen und anderes Denken nicht aushält, an und für sich sind und N.s als eines Schöpfers nicht mehr bedürfen, muss er früher oder später auch in ihnen geheime Attentäter sehen, die sich seiner Macht entziehen, ja seiner Person entledigen wollen. Es ist unvermeidlich, dass N. so in einen Teufelskreis der Selbstpeinigung hineingerät.

«In der Einsamkeit werden die Seelenkräfte am meisten erweitert, belebet, geschärfet, und erhöhet. Daher kommt es, daß Philosophen, Dichter, Redner und Helden, welche ihre Kenntnisse ausdehnen, und ihren Geist seinen angebohrnen Trieben gemäß erheben wollten, die Einsamkeit suchten und liebten.» (Zimmermann, 37f.) Was der «Königlich Großbrittannische Leibmedicus in Hannover» Johann Georg Zimmermann (1728–1795) hier in der wohlerwogenen Gemessenheit seines Jahrhunderts zum Ausdruck bringt, ist eine zwar alte, aber darum nicht weniger gültige Wahrheit. Also wird man N. zu seinem vorgeblich Besten keiner zwangsweisen Vergesellschaftung unterziehen wollen. N. hat bei aller berechtigten Kritik an seiner Sammelei ein Einsamkeitsrecht. Ich gebe zu, dass N. noch nicht viele Früchte aus seiner Entscheidung zur Einsamkeit hat ziehen können und dass eine Sammlung noch nicht die letztmögliche Heldentat ist, zu der N. fähig sein dürfte. Auch ist offenkundig, dass N. nicht ganz zu seiner Einsamkeit stehen will, wenn er die gesammelten Dinge als Personen mit Eigenwillen anzusehen beginnt. Aber das könnte auch eine Kinderkrankheit dessen sein, der sich, aus dem Welttrubel kommend, erst mit der Einsamkeit zu arrangieren lernt und deshalb viele Vorurteile ablegen muss, die ihm Erziehung und Umfeld eingeflößt haben.

In der Moderne muss man über die Pleonexie neu und anders nachdenken als die antiken Philosophen. Die alte Auffassung besagt, dass das Mehr-Haben-Wollen gegen die Natur, gegen die gegebene Harmonie des Kosmos verstoße und deshalb böse sei. Aber bei der Natur, auf die sich die Alten berufen, handelt es sich um eine Zurechtmachung, die mit der vorfindbaren empirischen Natur, wie sie uns die modernen Naturwissenschaften erklären, wenig zu tun hat. Die heutige Biologie zeigt, dass überall Pleonexie herrscht, dass jedes Lebewesen immer nach mehr strebt, als es braucht, um damit die Lebensbedingungen seiner selbst und seiner Gattung zu optimieren. Aller antiken Stoa zum Trotz darf man in seinem Naturbild nicht auf idealistischen Ladenhütern beharren. Die natürliche Harmonie ist nichts weiter als eine fromme Fiktion, die verkennt, dass alles biologische, alles natürliche Geschehen nichts weiter als ein Kampf ist. Wenn ein Naturgemäß-Leben für uns Heutige noch heißen soll, dass wir uns an der empirischen Natur ein Vorbild für die Lebensführung nehmen sollten, müssten wir die Pleonexie zur ethischen Pflicht erheben: «Daher erklärte Zenon als erster in dem Buch über die Natur des Menschen als Endziel das mit der Natur in Einklang stehende Leben, welches übereinstimmt mit dem tugendhaften Leben.» (DL VII 87, Bd. 2, 48) Dann wäre N. mit seinem sammlerischen Mehr-Haben-Wollen tugendhaft und der Vorzeige-Stoiker, weil er ganz «gemäß der Natur» lebt. Oder wie Albrecht von Haller (1708–1777) sagte: «hier hat die Natur die Lehre, recht zu leben, / Dem Menschen in das Herz und nicht ins Hirn gegeben» (Haller, 27). Man muss jedenfalls vorsichtig sein, wenn man der *grande complication* von N.s Dasein gerecht werden will. *Grande complication* braucht vor allem eins, nämlich Zeit – Zeit, ungestört die eigenen Möglichkeiten zu entfalten. Und diese Zeit will ich N. gönnen.

Der Therapeut

Beim Lesen des jüngsten Berichtes über Herrn N. kommen mir Bedenken. Mir scheint, diesmal werde die gebotene Unvoreingenommenheit vernachlässigt und Herrn N.s Tun tendenziös so dargestellt, als sei ausgemacht, dass dessen Verhalten pathologisch wäre. In diesem Bericht ist bereits eine klinische Diagnose vorweggenommen, für die es eigentlich nur ein Wort braucht: Kaufsucht.

Der Versuch seitens der diagnostischen Kollegin, mit Herrn N.s Sammelei zurande zu kommen, macht selbst einen wenig gesammelten Eindruck. Auf einen einfachen Begriff gebracht, will sie mit einigem Zögern sagen, dass das Umstellen der eigenen Horizonte, die Selbstvermauerung mit etwas Festem, nämlich mit den gesammelten Dingen, trotz stets drohender Selbstverfehlung der Standhaftigkeit, der *constantia,* dienen könne. Damit wäre das Sammeln ein dem Stoiker in hohem Maße angemessenes Tun, mit dem er der Verzettelung des modernen Lebens begegnet. In meinen Worten: Beim modernen Stoizismus geht es nicht so sehr um Lehren, um bestimmte Überzeugungen, sondern um eine Haltung. Diese Haltung lässt sich als die Fähigkeit zur Bündelung des Vielfältigen in einem einzigen Leben beschreiben, kurz gesagt als Fokussierungskraft. Fokussierungskraft wiederum ist das, was den Sammler auszeichnet, der nicht alles und jedes sammelt, sondern nur ganz Bestimmtes. Die Fokussierungskraft des antiken Stoikers stand unter einem geschlossenen metaphysischen Horizont, unter dem vernünftig beschaffenen All. Dieser metaphysische Horizont ist weggewischt. Damit droht sich die Fokussierungskraft zu einer formalen Entschlossenheit zu entleeren, die zwar eine Wahl voraussetzt, der aber gleichgültig ist, was sie wählt.

Herr N., der Sammler, weiß, was er wählt. Er weiß vielleicht nicht, warum er Turnschuhe, Schreibgeräte und Uhren sammelt.

Die Wahl ist willkürlich oder aber, um es freundlicher zu sagen, den individuellen Präferenzen geschuldet. Seltsam: als wäre die kontingente Wahl eines kontingenten Menschen rechtfertigungsbedürftig! Sonst verlangt man auch von niemandem eine Rechtfertigung dafür, warum er diesem Obdachlosen zwei Euro zugesteckt hat, jenem aber nicht, oder warum er Arzt und nicht Apotheker geworden ist. Beim Sammler hingegen scheint es besondere Legitimationszwänge zu geben: Sein Tun ist anrüchig. Und diese Anrüchigkeit, eine Form von Immoralismus, besteht anscheinend darin, dass sich der Sammler mit seinen Dingen aus den normalen zwischenmenschlichen Interaktionen zurückzieht –, dass er sich eine Welt erschafft, die nur ihn persönlich etwas angeht.

Ich gebe nichts auf den wohlfeilen Immoralismusverdacht. Mich interessiert, welche Haltung das Tun des Sammlers ausmacht: nämlich Fokussierungskraft. Darin übt sich Herr N. Er lässt das Hin und Her, das Sowohl-als-auch hinter sich. Er legt sich fest auf ein Bestimmtes. Und seine Haltung, seine Fokussierungskraft zeitigt Resultate: seine Sammlung. An der zeigt sich wiederum die Beschränktheit aller menschlichen Fokussierungskraft. Sie ist nämlich, wie jede Sammlung, notwendig immer unvollständig. Es wäre immer noch mehr Fokussierung möglich gewesen – wenn vielleicht auch nicht menschenmöglich. Herr N. tastet ab, was in seiner Hand ist und was er in seine Hand bekommen kann. Er geht aus von der stoischen Grundunterscheidung zwischen den Dingen, die in seiner Macht sind (tatsächlich: das Gesammelte, und möglich: das noch Zu-Sammelnde), sowie den Dingen, die es nicht sind (alles, was er gar nicht sammeln will). Gegen den Zeitgeist der Zerstreuung mobilisiert Herr N. die Konzentration. Dabei spielt es, wenn er die sein Leben leitende Haltung ausbildet, gar keine große Rolle, worauf er sich eigentlich konzentriert. Er übt sich in der Tugend des Festschreibens, der Festlegung. Das ist *constantia*, Beständigkeit. Sie tut not.

Woher rührt dann das Unbehagen, das Herrn N. sichtlich heimsucht? Nun, wohl daher, dass er sich seiner eigenen Fokussierungskraft noch nicht gewachsen fühlt. Das Unbehagen rührt daher, dass er nach all seinem bisherigen Hin und Her und Sowohl-als-auch mit dem Sammeln in eine Schule der Selbstzähmung eintritt, die ihn vielfach einschränkt, weil sie ihn an Zerstreuung hindert. Die Sammlung ist ein permanenter Anspruch, dem er sich oft lieber entzöge: Die Sammlung soll, so dieser Anspruch, unentwegt die ganze Aufmerksamkeit auf sich ziehen, sie soll unentwegt wachsen. Manchmal muss jeder Sammler aber auch andere Dinge tun – schlafen, essen, Geld verdienen. Den Anspruchscharakter der Sammlung auszuhalten und ihm gelassen das eigene Sein entgegenzusetzen, gelingt Herrn N. noch nicht.

Will man es therapeutisch wenden, dann würde ich sagen, Sammeln sei gut und hilfreich für die Ausbildung einer lebensgestaltenden Haltung, für die Ausbildung der Fokussierungskraft, wenn es *einen* Lebensschwerpunkt bildet. Herr N. hingegen verhält sich wie die meisten Menschen beim ersten Aufwallen einer Leidenschaft: Er opfert ihr alles und fühlt sich dann der Zwang dieser Fokussierung nicht mehr gewachsen. Das Sammeln schnürt seiner Existenz die anderen Lebensadern ab. Er vereinsamt wissentlich und willentlich. Er setzt sich dadurch ganz dem absoluten Anspruch seiner Sammlung aus. Da tut Entspannung not – die Erkenntnis (die übrigens ebenso gegen die alte Stoa sticht), dass sich das menschliche Dasein nicht auf ein Einziges reduzieren lässt, sondern jede Person nach dem Zwiebelprinzip organisiert ist: Verschiedene Schichten machen sie aus; es gibt keinen Kern, sondern nur Schalen. Eine solche Schicht, eine solche Schale kann das Sammeln sein – vielleicht die äußerste, die den inneren Form und Halt gibt.

Herr N. empfindet «prometheische Scham» angesichts der von ihm gesammelten Dinge: «Die Dinge, die er als exemplarisch, als ihm überlegen und als Vertreter einer höheren Seins-Klasse anerkannte, spielten für ihn wirklich die gleiche Rolle, die Autoritätspersonen oder anerkannt ‹höhere› Milieus für seine Ahnen gespielt hatten. In seiner fleischlichen Tölpelhaftigkeit, in seiner kreatürlichen Ungenauigkeit vor den Augen der perfekten Apparaturen stehen zu müssen, war ihm wirklich unerträglich; er schämte sich wirklich.» (Anders, 23) Der *grande complication* seiner Uhren hat Herr N. nichts entgegenzusetzen. Als unvollkommene, bloß entstandene, aber nicht geschaffene Wesen sind wir der makellosen Vollkommenheit der geschaffenen Dinge hoffnungslos unterlegen. Die gesammelten Dinge verbürgen Dauer und Konzentration – der Sammler steht ihnen trostlos endlich gegenüber.

Sammeln ist ein Versuch in Selbstaneignung, in *oikeiosis*, wie die alten Stoiker das nannten und auf den Trieb der Selbsterhaltung gründen wollten (DL VII 85, Bd. 2, 47f.). Man hat diese *oikeiosis* auch als «Selbstbefreundung» begriffen: Wer mit sich im Einklang lebt, ist mit sich selbst befreundet. Der Sammler trachtet nach dieser Selbstbefreundung über den Umweg der Dinge – was bei Herrn N. zunächst jedoch den gegenteiligen Effekt zeitigt, nämlich den eines Selbstverlustes. Man könnte mutmaßen, dass der Selbstgewinn nur über den Umweg des Selbstverlustes zu erlangen sei. Was nottut, ist ein Abbau der prometheischen Scham gegenüber den gesammelten Dingen, um damit zugleich den Sammler vom Anspruchsdruck zu befreien, der von Seiten der Sammlung auf ihm lastet. Denn auch bei den Dingen handelt es sich keineswegs um Objekte mit Ewigkeits- und Vollkommenheitssignatur. Mögen sie das individuelle Menschenleben überdauern: Auch ihnen ist eine Frist gesetzt. Womit ich beim eigentlichen Problem angelangt wäre, nämlich der Frage nach dem Umgang mit der Endlichkeit.

Menschen, die als aufgeklärte und moderne Menschen überirdischer Ewigkeitshoffnungen verlustig gegangen sind, neigen dazu, sich irdische Ewigkeitssubstitute zu suchen. Herr N. findet solche Ewigkeitssubstitute in den gesammelten Dingen. Aber genauer betrachtet bedarf er der Ewigkeitssubstitute, des annähernd Ewigen und Kontingenzenthobenen gar nicht. Ewigkeits- und Vollkommenheitsaspiration sind ein kontingentes Produkt einer übrigens ebenso kontingenten Kultur. Warum sollte es nach Verewigung ein natürliches, unveräußerliches Bedürfnis geben?

Ein endliches Wesen kann sich leicht damit abfinden, endlich zu sein, sowohl räumlich wie zeitlich. Es nimmt sich in seiner Beschränkung gelassen hin. Man hat angefangen, aus der Sterblichkeit ein Problem zu machen, aber an sich ist sie keines – oder doch nur für jene, die über andere Menschen (und sich selbst) herrschen wollen, indem sie den Anschein erwecken, sie verfügten über ein «Jenseits», könnten Vollkommenheit und Ewigkeit allen Willfährigen (und Zahlungswilligen) verschaffen. Diesen Herrschaftsanspruch von Priestern und Metaphysikern ist man in den letzten Jahrhunderten allmählich los geworden. Jetzt geht es darum, auch noch das Problem los zu werden – sich nach und nach bewusst zu machen, dass es kein Sterblichkeitsproblem gibt, weil nichts in mir drin ist, was ernstlich Ewigkeit, Vollkommenheit und Jenseits will oder gar braucht. Es ist entlastend, weder ewig noch vollkommen sein zu müssen.

Halt gewinnt ein menschliches Wesen keineswegs aus der Einbildung, es sei zur Ewigkeit oder zur Vollkommenheit berufen. Die Vervollkommnung im Sinne einer Ausbildung natürlich und kulturell gegebener Anlagen ist etwas, was nur innerhalb eines beschränkten Lebens möglich ist: Ich will weder eine unbeschränkte Vervolllkommnungsperspektive noch brauche ich sie. Es wäre mir unerträglich, mich eine Ewigkeit lang vervollkommnen zu müssen. Ewigkeit und Vollkommenheit liegen jenseits aller Wünschbarkeit. Für ein menschliches Wesen, das sich durch seine Beschränkung, durch seine raumzeitliche Kontingenz auszeichnet, bedeuten Ewigkeit und Vollkommenheit, damit das Abstreifen von Beschränkung und Kontingenz den vollständigen Verlust seiner Identität. Ewigkeit und Vollkommenheit sind für den Menschen daher eine entsetzliche Bedrohung – unvergleichlich schlimmer als Sterben und Tod, die zu Beschränkung und Kontingenz wesentlich dazugehören. Hat man sein Denkvermögen nicht im Kirchenfoyer aufgehängt oder an der Garderobe des säkular erweckten Moralismus abgegeben, dann würde man erkennen, dass kaum eine Vorstellung absurder ist als die, man könne aus der Ewigkeits- und Vollkommenheitsaussicht Halt gewinnen. Das einem Menschen schlechthin nicht Angemessene – Ewigkeit, Vollkommenheit – führt zur Zerstörung aller Menschlichkeit.

Bei einem einigermaßen erhöhten Aufklärungspegel gewinnt man Halt aus Haltung. Damit komme ich wieder zum Sammeln zurück, denn Sammeln gibt Halt, ohne in einem starren Korsett einzuschnüren: Die Sammlung ist nichts Feststehendes wie Offenbarungswahrheiten es sind, sondern in steter Wandlung begriffen. Sammeln besteht im Jagen genauso wie im Hegen – beides braucht es gleichermaßen, um Haltung zu kultivieren und statt eines dogmatisch betonierten Halts einen dynamischen Halt zu gewinnen. Und der Sammler, wenn er sich ein wenig entspannt, was Herrn N. noch nicht so recht gelingen will, wird auch die alte stoische Unsitte des unerbittlichen Ernstes lächelnd beiseite schieben. Die alten Stoiker machten den Ernst zu ihrem Emblem, weil sie ihr System für das einzig mögliche hielten – für das System, in dem die Wirklichkeit mit dem von ihr gebildeten Begriff völlig übereinstimmt.

Dass es ein solches System gibt, ist dem modernen Stoiker hingegen fraglich. Er weiß um die Kontingenz seiner Entscheidungen – er hat keine Gewähr dafür, dass es zwischen seinem Bild von der Wirklichkeit und der Wirklichkeit selbst eine Übereinstimmung gibt. Wir können nicht wissen, ob die Dinge so sind, wie wir sie denken. Es bleibt der Zwiespalt – und zwar ein ironischer Zwiespalt, denn wäre es ein ernster Zwiespalt, müssten wir wissen, wie die Dinge wirklich sind. Aber das können wir nicht. Das Bewusstsein von der Kontingenz seiner Wahl hat auch der (im Unterschied zu Herrn N.) ironisch entspannte Sammler, für den das Sammeln immer auch Spiel bleibt. Das tut seiner Leidenschaft, etwas Bestimmtes haben zu wollen, keinen Abbruch. Hoffen wir also, dass sich Herr N. allmählich ironisch entspannt. Dann könnte er Sammeln als eine Sterblichkeitskunst zu empfinden lernen – als Kunst, gerade das Sterblichsein als beglückend zu erleben. Es ist entlastend, nicht ewig sein zu müssen, auch einer Sammlung nicht ewig standhalten zu müssen.

Affekte

Manche Nächte verbringt N. ruhelos. Alles Umräumen seiner Vitrine, alles Jagen nach neuen Schnäppchen bei einschlägigen Internet-Auktionen verhilft ihm nicht zu der wohligen Empfindung, sein Leben nach eigenen Gesetzen zu bestimmen. Diese Dinge, so flüstern ihm die ruhelosen Nächte ein, drücken ihm einen Willen auf, der nicht der seine ist. Weder will er wirklich die Vitrine umräumen noch jene neuen Objekte erwerben, die die Logik der Sammlung ihn zu erwerben heißt. Hatte er sich mit seiner Hinwendung zu unbelebten Dingen befreit von der ständigen Nötigung seitens anderer Menschen, nicht er selbst, sondern für sie zu sein, so empfindet er jetzt diese unbelebten Dinge als eine schwere Last. Die Dinge nehmen ihn in «Beugehaft» – den Ausdruck hat N. aus den Fernsehnachrichten. Die Dinge wollen ihn durch ihr schieres Dasein gefügig machen, ihn ihnen anpassen. Er soll zu einer bloßen Funktion der Dinge degradiert werden.

Der Traum, dank der gesammelten Dinge sein Leben zu gestalten, verflüchtigt sich im Ungefähren, verliert seine motivierende Kraft. Dem Eigenwillen der Dinge, die doch als unbelebte Dinge gar keinen Willen haben dürften, weiß N. nichts entgegenzusetzen. Er fühlt sich eingesperrt, nicht anders als er sich in seiner familiären Nahwelt-Alltäglichkeit eingesperrt gefühlt hatte. Mit den Dingen ist auf Dauer ebensowenig ein Auskommen wie mit den Menschen.

So sinnt N. darauf, die Dinge ebenso beiseite zu stellen, wie er die Menschen beiseite gestellt hat. Bald, sehr bald würde er diese Wendung nehmen, sobald er noch jenen Kugelschreiber und diese Armbanduhr ersteigert haben wird. Langsame Entwöhnung sei bei Süchten das Tunlichste, hat er in einer Ratgeberspalte gelesen. Wer wird sich denn von Dingen seinen Lebensweg diktieren lassen?

N. verspürt eine nie gekannte Lust an Affekten, an seinen Affekten, wie er sich nicht ohne Stolz sagt. Er beginnt, seine Affekte auszukosten, die negativen zumal. Er zieht seinen ganzen Zorn genüsslich in die Länge, als er wieder einmal wegen Verspätung in Offenburg einen Anschlusszug verpasst und vom Bahnhofspersonal nicht gleich die gewünschte Antwort bekommt. Der Zorn durchströmt N. in mehreren Wellen, während er die Dame vom Schalter und danach den Herrn vom «Servicepoint» anbellt, als ob sie unmittelbar daran Schuld hätten, dass er eine nutzlose Stunde seines Lebens auf einem Provinzbahnhof vertrödelt. Auch als er längst im nächsten Zug sitzt und der Zorn allmählich verebbt, malt er sich aus, wie die geharnischten Briefe formuliert sein müssten, mit denen er bei der Bahndirektion die Reisekosten zurückfordern und das unfähige Personal anschwärzen würde – «Ihr Name?! Ihre Dienstfunktion?!», hatte er von der Frau – einer Frau Lindner – und von dem Mann – einem Herrn Eckstein – zu wissen verlangt. N. freut sich seiner Fähigkeit zum Zorn und bedauert seine Ausfälligkeit gegen das Bahnhofspersonal keinen Augenblick lang (wer etwas repräsentiere, müsse dafür auch geradestehen, meint er). Den Affekt sieht er als eine Art Beweis für die eigene Existenz an; solche Beweise erscheinen ihm kostbar. Ein anhaltender, dumpf-knotiger Schmerz im Unterleib irritiert ihn nicht.

Wenn sich die Affekte nicht von sich aus einstellen wollen, lassen sie sich auch erzeugen. N. versucht es zumindest. Er sieht sich tragische Kammerspiele an, erprobt dabei alle Variationen des Leidens. Er sieht sich Hollywood-Schnulzen an, erprobt dabei alle Variationen der Liebe. Solche stellvertretenden Affekte, die sich nach Belieben und Bedarf wegstecken oder erneuern lassen, geben seinem Dasein frische Farbe. Namentlich der stellvertretende Zorn hat es N. angetan. Doch fragt er sich, ob stellvertretende Affekte seine Affekte sind.

Die Diagnostikerin

N. erfährt die gesammelten Dinge als Einengung seiner Persönlichkeit, als große Komplikation, die ihm den Reichtum an Daseinsmöglichkeiten nicht zu entfalten gestattet. Bei N. zeitigt das Sammeln, das bei anderen Menschen zur Sammlung der Persönlichkeit beiträgt, keinen positiven Effekt. N. hat zu sammeln begonnen, um in sein Leben einen festen Horizont einzuziehen, seine Verlorenheit in einer Welt zu lindern, die er als fundamental fremd empfindet. Aber die Horizontfestigung ist nicht eingetreten – oder in übertriebenem Maß, was das Gefühl der Beengung, der Zwangslage ausgelöst hat. Für das Sammeln bedarf es bereits einer gewissen Festigkeit, einer gewissen Selbstbehauptungskraft, um sich von den Dingen nicht gegängelt zu fühlen. Daher überrascht es nicht, dass der junge Seneca als eine charakterlich noch ungefestigte Persönlichkeit das Sammeln verurteilt: «Sagst du etwa, jener lebe in Ruhe, der korinthische Gefäße, die durch die Verrücktheit weniger teuer geworden sind, mit ängstlicher Genauigkeit sortiert und den größeren Teil seiner Tage mit korrodierten Metallplättchen verbringt?» (*Über die Kürze des Lebens* XII 2, *Schriften* 2, 206–208) Vermutlich hat Seneca sogar recht: Ruhe findet kein Sammler, auch wenn nicht jeder gleich panisch wird: In der steten Dynamisierung der Existenz, dem ständigen Aufreißen fester Horizonte besteht der eigentümliche Charme des Sammelns, das sich nie mit dem Erreichten, dem Ersammelten zufrieden gibt. Der Sammler scheut die Grabesruhe eines festen Horizonts, die N. in seiner Zerrissenheit gleichermaßen herbeisehnt wie der junge Seneca.

Für sein Sammlerschicksal hat N. selbst die richtige Bezeichnung gefunden: Beugehaft. Die Dinge nehmen ihn gefangen. Was N. zeit seines Lebens erlitten hat und noch immer erleidet, ist eine moderne Form der Sklaverei. Man mag dafür wohlklingendere Namen finden, an der Sache ändert es nichts: Die Umstände des Daseins, angefangen beim Zwang zur Erwerbsarbeit über den Zwang zur Familie und den Zwang zu anderen Menschen bis hin zum Umgang mit Dingen, sind nur die Metamorphosen des einen Sachverhalts – des Sachverhalts der Sklaverei. Die ganze Apparatur des Daseins ist – von Chef und Ehefrau über Kinder, Freunde und Bekannte bis hin zu natürlichen und künstlichen Gegenständen – nur dazu da, uns dem Gegebenen gefügig zu machen. Fremdbestimmung, Gefügig-Werden erscheint als Sinn des Daseins.

Oder gehe ich da zu weit? Jedenfalls gerät man hier leicht in eine vulgärmarxistische Emanzipationstirade, schiebt alles auf die Umstände und spricht N. von jeglicher Verantwortung für sein Dasein frei – ähnlich wie N. es selbst bei seiner Leitmetapher vom geliehenen Leben getan hat. N. ist nicht nur ein Symptom gesellschaftlicher Gegebenheiten.

Interessant an der jüngsten Symptombeschreibung ist weniger die ausführlich abgehandelte Sammelproblematik, die sich durch N.s Selbstausweidung als Sammler ohnehin erledigt hat, sondern die Art und Weise, wie N. mit Affekten umgeht. In N.s Fall sind die Affekte zunächst nicht einfach da, sondern müssen erzeugt, mühsam herausgekitzelt werden. Sprechend ist die Episode mit der Zug-Verspätung: Zunächst bekommt man den Eindruck, hier gewännen die Affekte die Oberhand, hier liege ein klassischer Fall von Selbstkontrollverlust vor. N. hat gewiss die philosophische Hintergedanklichkeit der Deutsche Bahn AG verkannt, nämlich durch ein ausgeklügeltes Verspätungswesen – man ist, weil man verspätet ist – und durch ausgefeilte Inkompetenz zu einer Kultur der Verlangsamung und der Gelassenheit beizutragen. Die Deutsche Bahn AG als

Schule des Lebens, im Dienste der stoischen Affektbeherrschung.

Aber N.s Problem ist es bei näherem Hinsehen nicht, Affekten ausgeliefert zu sein. Zur Pazifizierung der Affekte mag es ja beitragen, wenn man ihren Ausbruch zunächst provoziert, um so über den Umweg der Scham («wie konnte ich mich so gehenlassen?») einen Selbsterkenntnisprozess hervorzurufen, der schließlich zu einer besseren Affektkontrolle führt. Bei N. liegt die Sache aber anders: Er empfindet keinerlei Scham angesichts der hochkochenden Affekte, sondern benutzt den nichtigen äußeren Anlass dazu, überhaupt erst in den Genuss von Affekten zu kommen. Sein Problem ist nicht der Mangel an Affektbeherrschung, sondern der Mangel an Affekt. Ein pedantischer Beobachter könnte einwenden, N.s Lavieren zwischen verschiedenen Lebenssphären, die Unentschlossenheit, das Unbehagen, sich in existenziellen Dingen festzulegen, überhaupt das Unbehagen in seiner Existenz zeuge doch davon, dass er keineswegs von der Vernunft, sondern sehr wohl von Affekten bestimmt werde. Jedoch, würde ich dann zurückfragen, sind das tatsächlich Affekte oder doch eher nur Stimmungen, die N. der Entschlossenheit berauben, etwas wirklich zu wollen oder wirklich nicht zu wollen? Dass N. kein völlig empfindungs- und gefühlloser Automat ist, bestreitet niemand, denn wäre er dies, hätte er all seine existenziellen Probleme nicht. Aber Affekt meint eine starke, durch äußere Umstände verursachte Gemütsbewegung – eine Gemütsbewegung, die mit dem Kontrollverlust der sogenannten vernünftigen Seelenteile einhergeht: Der Affektgeladene verliert sich selbst im Augenblick des Affekts. Genau das passiert N. nicht wirklich; er muss Affekte erzeugen, um das Gefühl zu erhaschen, wie es ist, Affekte zu haben – wie es ist, die Kontrolle zu verlieren. Deshalb sucht N. künstliche Affektstimulantien; Film und Theater als Mittel, in sich eine Welt zu erschaffen, die stark, reich, bunt und vor allem unkontrolliert ist.

Die Stoiker haben in den Affekten die wesentliche Gefährdung der Seelenruhe gesehen – gleichgültig ob es sich um vermeintlich positive Affekte wie Lust oder vermeintlich negative Affekte wie Wut handelt. Denn Affekte sind, so Zenon von Kition, vernunftlose, naturwidrige, das Maß überschreitende Triebe (DL VII 110, Bd. 2, 58). Affekte stoßen nach stoischer Lehre Menschen nicht einfach zu, sondern sind von ihnen zu verantworten: Falsche Meinungen, falsche Urteile liegen ihnen zugrunde: das falsche Urteil über gegenwärtige Güter bringt Lust hervor, über künftige Güter Begehrlichkeit; das falsche Urteil über gegenwärtige Übel bringt Kummer hervor, über künftige Übel aber Furcht. Nur wer die Affekte durch richtiges Urteilen überwindet, wird tugendhaft. Selbstredend kann es nach dieser Lehrmeinung keine stellvertretenden Affekte geben, wie N. offenbar glaubt, sondern auch die künstlich erzeugten Affekte sind Affekte reinsten Wassers. Die Lust und die Begehrlichkeit beispielsweise sind schon immer künstlich erzeugt worden.

Eine solche Form der Stoa schnürt den Menschen allerdings von allen Lebensregungen ab, indem sie Affekte schlechthin verbietet und in einem intellektualistischen Selbstmissverständnis die Affekte falschen Urteilen, falschen Meinungen zuschreibt. Der Affekt selbst, seine Besetzung, liegt vielmehr vor allem Urteil; er stellt sich als Widerfahrnis ein, während sich das Urteil erst nachträglich, ängstlich dazugesellt. Die Frage nach der Lebensdienlichkeit von Affekten, die jeder stoische Hardliner mit einem Tugendappell wegbügelt, halte ich für zentral. N. hat den ungeheuren Wert starker Empfindungen verstanden, weswegen er sie, da ihm die eigene Anlage dazu fehlt, eben auf Umwegen hervorbringt. «Ich war ein beständig gerührtes Wesen», schreibt Stendhal in seiner Autobiographie *Leben des Henri Brulard* (338) über seine erste Pariser Zeit als Halbwüchsiger. Stendhal schildert, wie er bei allem Widerwillen, den er gegen die große Stadt und ihre Bewohner empfand, in sich große Affekte zu erwecken wusste, die sich nicht von selbst eingestellt hatten. N. will sich gleichfalls nicht in einem Gefängnis reiner Vernunft einmauern, sondern ein möglichst breites Spektrum an Lebensregungen ausschöpfen, zu denen Affekte nun einmal wesentlich gehören.

Mangelnde Affektfähigkeit ist ein Merkmal der Gegenwart. Eine eigentümliche Abgeklärtheit, eine Scheu vor dem Monumentalen zeichnet sie aus. Ob der allumfassenden Affektregulierung mit situativer Affekterzeugung wirkungsvoll zu begegnen ist, bleibt offen.

Der Therapeut

Es liegt viel Folgerichtigkeit in Herrn N.s Verhalten. Trotz aller Unbehaglichkeit, mit der er hausiert, kündigt sich bei ihm die von mir prophezeite Vergleichgültigung der Dinge an. Diese Vergleichgültigung verspricht unmittelbaren Unbehaglichkeitsabbau. Allmählich beginnt Herr N., seine Fokussierungskraft von den Dingen in seiner Außen- und Sammelwelt auf sich selbst, sein prekäres Ich zu verlagern. An Turnschuhen, Schreibgeräten und Uhren hat Herr N. seine Fokussierungskraft geschult.

Damit kommt eine Tugend in Reichweite, die die Sache des hektischen Sammlers nicht war, nämlich Geduld. Von ihr, der *patientia*, hat der frühneuzeitliche Stoiker Justus Lipsius (1547–1606) in seinen *Admiranda, sive De magnitudine romana* (IV 5, *Opera* 1675, Bd. 3, 824) einst behauptet, sie sei mit der *constantia*, der Beständigkeit, identisch. Geduld als Beständigkeit gilt Lipsius als Erfolgsrezept des Römischen Reiches: Warten-Können statt ständigem Reagieren-Müssen, Zupacken dann und da, wo es geboten ist, sich wie ein Habicht nach langem Kreisen auf die Beute stürzen. Über Vertrauen in eine umgreifende, metaphysische Weltordnung, die alle Übel abfedert und alle Kanten polstert, hat ein Habicht nie nachgedacht. Er tut, was er tut, weil er es tut – ohne Zwang zu zureichenden Gründen. Wer weiß, ob bei den Römern das auf Beute Aussein noch in ein metaphysisches Vertrauen eingebettet war. Wer weiß, ob sie die Welt kontrollieren zu müssen glaubten, weil sie die Weltvernunft, von der die Stoiker so gerne sprachen, nicht mehr absahen. Es ist nicht nur entlastend, die Welt insgesamt für göttlich kontrolliert zu halten. Es ist ebenso entlastend, wenn man nicht durch Selbstkontrolle peinlich genau die Raten einer metaphysischen Schuld zahlen muss – der Schuld nämlich, einer umgreifenden metaphysischen Weltordnung in seinem normalen Sein nicht gerecht werden zu können, daher gezwungen zu sein, seiner Existenz mit glühenden Eisen Kontur zu geben. Zum Glück gibt es eine umgreifende metaphysische Weltordnung nicht. Selbstgestaltungsversuche fallen dann weniger rabiat aus.

Gewiss, Affektkontrolle als Inbegriff von Selbstbeherrschung ist ein Kennzeichen antiker stoischer Praxis. Die Affekte werden gefürchtet als brodelnder Untergrund des menschlichen Innenlebens, jederzeit zur Rebellion bereit. Falls Ausrottung nicht gelingt, ist Zähmung oberstes Gebot. Und zwar, indem einem alles gleichgültig wird, man nichts an sich herankommen lässt. Es gibt einen Gefrierpunkt der Affekte. Hat man ihn erreicht und kann ihn halten, ist man ein Leben lang vor allen unliebsamen Überraschungen gefeit.

Soweit die alte Theorie. Sie hat den Nachteil, dass sie das untergründige Motivationsreservoir menschlichen Innenlebens trockenlegt. Wenn ich keinen Affekt mehr empfinde, lohnt sich das Leben nicht, so vernünftig ich es auch einzurichten verstehe. Das scheint die Intuition zu sein, der Herr N. bei der künstlichen Erzeugung von Affekten nachgibt – ähnlich, wie sich Seneca gelegentlich einen Becher über den Durst gestattete, um zu sehen, was man an der Selbstherrschaft eigentlich hat. Und doch sind die Rahmenbedingungen anders, denn ein Übermaß, ein Überkochen der Affekte gehört nicht zu Herrn N.s Alltagsproblemen. Angst, die Beherrschung zu verlieren, hat ihn bisher nicht gepeinigt, soweit wir wissen. Er ist ein bereits so gut gezähmtes Tier, dass er des Affektgefrierens nicht mehr bedarf. Womit sich eine Hauptabsicht stoischer Praxis, das Kaltstellen der Affekte, für ihn, vielleicht überhaupt für den durchschnittlichen neuzeitlich zivilisierten Menschen erledigt hat. Affekte hat Herr N. nie als Gefahr empfinden müssen, weil sie ihn nie auf Abwege brachten. Daher kann er sich den gelegentlichen Affektkitzel leisten, als Feierabend-Delikatesse – sei es mit Hilfe einer Hollywood-Schnulze, sei es mit Hilfe des Bahn-Verspätungsmanagements. Mehr als Oberflächenaffekte springen dabei zwar nicht heraus – Affekte, die nicht wirklich die Untergründe des Innenlebens aufwühlen –, aber immerhin. Herr N. gönnt sie sich, weil sie nur leichte Wellen schlagen. Er gönnt sie sich, weil er irgendeinen nichtigen Alltagsanlass als Auslöser eines Affektes nutzt, mit dem er sich innerlich reinigen kann: Reinigung durch Affekte von Affekten. Gegen gefährliche Affekte, die nicht nur aus der Traumfabrik ausgeliehen sind, sondern die innersten Abgründe aufpeitschen, ist der moderne Mensch zivilisatorisch so gut gewappnet, dass er keine Stoa mehr braucht. Die Peinlichkeitsschwelle ist so hoch, dass er sich weder die Artikulation noch die Empfindung starker Affekte gestattet. Was dieser moderne Mensch noch braucht, sind Supplementäraffekte. Herr N. stünde den romantischen Versuchen, das große Gefühl, die große Leidenschaft wieder zum Kochen zu bringen, peinlich berührt gegenüber.

Insofern entspricht die Stoa unserer modernen Kälte, unserer Emotionalitätshemmung. Wir brauchen sie nicht mehr als Lehre, wir haben sie schon als Praxis. Denn sie ist uns lauen Geistern vollkommen angemessen; den Reiz der großen Gefühle lagern wir in Literatur, Film, Oper und Internet aus. Wir wollen uns nicht mit den Helden auf Papier, Leinwand, Bühne oder Bildschirm «identifizieren», sondern sie stellvertretend für uns das leben lassen, was wir uns selbst versagen: die großen Empfindungen. Empfinden zu müssen ist anstrengend – also lassen wir es besser. Die Affekte, die wir uns erlauben, stören nichts und niemanden, am allerwenigsten uns selbst. Sie greifen nicht über auf eine Wirklichkeit jenseits von Papier, Leinwand, Bühne oder Bildschirm. Nach zwei Stunden sind wir zurück bei der Tagesordnung.

Alexithymie! krankhafte Empfindungslosigkeit!, höre ich die Kulturkritiker vom Dienst ausrufen. Die Rücksichtslosigkeit, die Kälte der Moderne zwinge die Menschen zum emotionalen Verstummen. Eine neue Eiszeit sozialer Entwurzelung sei angebrochen – was Wunder, dass die Menschen ihren Gefühlskreislauf auf ein Minimum reduzierten, um das Risiko seelischer Verletzung zu mindern. Die stoische Philosophie sei nichts weiter als ein schmuckes Mäntelchen für die Selbstbeschneidung, der sich ohnehin jeder unterzöge, der im Räderwerk der Zivilisation nicht zermahlen werden wolle. Stoa sei nichts weiter als eine ideologische Verbrämung des Unvermeidlichen! *Ruhe ist die erste Bürgerpflicht* habe nicht nur ein Roman von Willibald Alexis geheißen. Uns allen sei diese Epochenlosung eingeimpft, alle seien wir ruhig gestellt – mit Erziehung, Kirche, Politik, Ökonomie und Philosophie. Wie die Diagnostikerin ja schon erwog: Sklaverei!

«Zivilisation» ist im künstlich erregten Zwischenruf der Kulturkritiker das entscheidende Stichwort. Denn Alexithymie ist weniger eine Krankheit als eine zivilisatorische Errungenschaft. Nur eine falsche, verlogene Romantik wird der Schrankenlosigkeit von Affekten und Gefühlen das Wort reden wollen. Wir Modernen haben – und das lässt sich als Indiz eines evolutionären Fortschritts deuten – nach und nach verlernt, zwischen «Emotionalität» und «Rationalität», zwischen Gefühlen und Gedanken zu unterscheiden. Wir haben uns domestiziert, erkennen vielfältigste Abstufungen unseres Innenlebens, denen eine prinzipielle Unterscheidung von Gefühl und Gedanke nicht angemessen ist. «Gefühl» und «Gedanke» sind althergebrachte Redeweisen, jedoch keine verschiedenen Seinsbereiche. Da hilft es nichts, den Menschen einzureden, sie seien Verräter an ihren «Gefühlen» geworden. Mehr als ein Sprachspiel sind Gefühle nicht. Das hat der moderne Stoiker, im Unterschied zu seinen antiken Paten, mittlerweile eingesehen. Daher kann er mit allen sogenannten Gefühlen frei, spielerisch umgehen, kann ins Kino gehen, für andere «trauern», «lieben», «leiden» – oder was immer ihm während zweier Kinostunden zu «empfinden» beliebt. Was er sich erhält, ist eine Grundstimmung, ein Bei-sich-Sein, dem die Alten den Namen «Seelenruhe», ja «Glückseligkeit» verliehen hätten. Aber der moderne Stoiker ist kein Freund pathetischer Geschraubtheiten.

Hingegen ist er ein Freund des Gleichgewichts. Es ist das Prinzip seiner inneren Ökonomie. Anstatt auf ständige Steigerung und damit permanentes Verungleichgewichten aus zu sein, hat er zwar den Glauben an eine prästabilierte Harmonie, ein naturgegebenes harmonisches Verhältnis der inneren Kräfte aufgegeben, nicht aber das Trachten, ein Gleichgewicht herzustellen. Der moderne Stoiker weiß, dass es für menschliche Wesen keine natürliche Ordnung und damit auch kein einfaches «Gemäß der Natur» gibt, sondern dass sich das Gemäße immer neu finden muss. Jedes Gleichgewicht ist nicht nur prekär, sondern auch individuell und kontingent: Kein Gleichgewicht in menschlichen Dingen ist notwendig – keines ist notwendig so, wie es ist. Und da die Dinge in steter Bewegung sind, ist auch kein Gleichgewicht definitiv. Der moderne Stoiker lebt also mit dem ständigen Gleichgewichtsverlust, ohne ihn dabei jedoch im Stile jugendlich bewegter Enthusiasten zum eigentlich Erstrebenswerten zu erklären.

Die stoische Ökonomie unterscheidet sich von der kapitalistischen Ökonomie, deren partielle Selbstabwicklung dieser Tage zu bestaunen ist, grundlegend dadurch, dass sie die Vorstellung einer ständigen Steigerungsmöglichkeit nicht nur für eine metaphysische Mucke, sondern für einen irrationalen Systemzwang hält, dessen Konsequenz die Selbstzerfleischung der Akteure sein wird. Denn wer sollte ernstlich ein Interesse an ständiger Steigerung haben – außer dem Nietzscheaner, der sich wie der Christ mit seinem Sosein nicht abfinden kann und immer nach einem Anderen, Höheren, Besseren hechelt? Der moderne Stoiker weiß, dass das Anders-Sein keineswegs ein Besser-Sein bedeuten muss und es sich daher lohnen dürfte, sich mit dem So-Sein zu arrangieren. Und, falls dies unmöglich ist, die Konsequenz der Selbstabschaffung zu ziehen.

Wenn ich schon die scharfe Unterscheidung zwischen Gefühl und Gedanken relativieren wolle, müsse ich, sagt man mir, wenigstens zugeben, dass die Sache mit dem Gleichgewicht nur ein frommer Wunsch sei. Denn der große De-Equilibrist stehe doch immer schon in der Tür, mit Stundenglas und Hippe, Gevatter Tod. Die Selbstabschaffung, die ich dem Stoiker ans Herz lege, sei das Eingeständnis, dass es mit dem Gleichgewicht am Ende nichts werde. Und überhaupt, wie wolle ich dem Ansturm der Gefühle begegnen, der einen angesichts des anstehenden eigenen Nicht-mehr-Seins in Angst und Schrecken versetze? Herr N. habe sich genau dies, nämlich sein eigenes Sterben-Müssen, noch nicht hinreichend deutlich gemacht – sonst würden ihn ganz andere Empfindungen überkommen, als er sie gegenwärtig zu haben imstande sei.

Gut, es mag sein, dass der Tod, das eigene und auch das fremde Sterben, manches anstacheln, was man «starke Gefühle» nennen könnte. Wollte ich sarkastisch sein, würde ich sagen, dass «starke Gedanken» im Eintopf des menschlichen Innenlebens ohnehin die absolute Ausnahme sind. Aber, wie gesagt, zwischen «Gefühlen» und «Gedanken» leugne ich eine prinzipielle Unterscheidung, sondern sehe gleitende Übergänge, zu deren Beschreibung die natürliche Sprache ein so reiches Repertoire an Werkzeugen bereithält. Jedenfalls sind die «starken Gefühle» keineswegs die einzigen möglichen Antworten auf den eigenen und den fremden Tod. Die Hemmung aller «starken

Gefühle» ihm gegenüber kann genauso auftreten – und ich wüsste nicht, was mich berechtigte, diese Hemmung als «uneigentlich» zu verurteilen.

Die Stoiker haben genau das zur philosophischen Methode erhoben, was heute landläufig geworden ist: die Vergleichgültigung des Todes. Der Tod ist zwar das Letzte jeden Lebens, aber es scheint mir nicht ausgemacht, dass der Tod das einzige ist, bei dem es in unserem Leben um Letztes geht. Die Drohung, die in einem Letzten und damit Unumkehrbaren liegt, lässt sich abstreifen, vergleichgültigen. Der Ernst des Letzten verwandelt sich dann in eine letzte Heiterkeit.

Darum ist die Haltung sehr alter, gebrechlicher Menschen gegenüber ihrem Sterben so eindrücklich und beschämt Nachgeborene. Als Mensch kann ich im Alter all die Verfügungsmacht verlieren, die ich als jüngerer Erwachsener über mich und meine Welt nach langen Jahren der ohnmächtigen Adoleszenz gewonnen habe. Ein tiefgreifender Machtverlust setzt mit der Hinfälligkeit ein. Zugleich gewinne ich zu allem Abstand – nicht nur zum Leben, sondern auch zum Sterben. Darin liegt Größe, zu der es gewiss keiner Philosophie bedarf. Die Grenzen von Leben und Sterben verschwimmen – wir sterben immer schon, indem wir leben. Ein Geschehenlassen des Lebens ist auch ein Geschehenlassen des Sterbens.

Selbstvergötterung

N. träumt davon, sich von allem frei zu machen, nicht nur von Menschen, sondern auch von Dingen. Er träumt davon, nur noch auf sich selbst zu vertrauen. «Ich bin okay», sagt N. sich, «ob du okay bist oder die Welt okay ist, ist mir egal». N. beginnt über die Anspruchshaltung der bereits gesammelten Objekte hinwegzusehen, wenn er eine klaffende Wunde in der Sammlung wider besseres Wissen nicht geschlossen hat. Die Ding-Ansprüche verlieren ihren Biss. Was er anfangs als stummen Vorwurf empfindet – die Objekte nicht um ein notwendiges Geschwisterchen erweitert zu haben – erfüllt ihn allmählich mit Gleichgültigkeit. Was gehen ihn die Lücken bei den Objekten an? Nicht mehr als die Lücken bei den Menschen.

N. legt sich die Welt in Gedanken so zurecht, dass sie von seinem Willen abhängt. Die Dinge sind seine Hervorbringungen – die Welt ist seine Vorstellung, hat er in einem Chatroom gelernt. Er ist doch der Souverän seiner Welt, und damit sind die stummen Vorwürfe der Dinge und die lauten Vorwürfe der Menschen nur verzerrte Stimmen aus ihm, N., selbst – Stimmen, die er als eigene Stimmen nur zur Einstimmigkeit bringen muss.

Was N. will, ist, die Welt aus dem Ich heraus auf einen Nenner bringen. Er fragt sich, woher er, in seiner jetzt immerhin schon erdachten Souveränität, diesen Nenner nehmen soll. Er müsste ihn aus sich nehmen – er müsste aus sich heraus der von ihm vorgestellten Welt sagen können, wie und was sie zu sein habe. Aber er weiß nicht, welche Welt zu ihm passt. Sieht er von den Menschen und den Dingen, sieht er von den Vorstellungen ab, findet er nichts, was er selbst ist: nichts Bestimmtes, nichts Formgebendes, nichts Bestimmendes, nichts Geformtes. N. zermartert sein Gehirn mit der Frage, wie sein Ich eine Welt nach Gutdünken gestalten soll, wenn nicht einmal klar ist, was und wie dieses Ich ist – und ob es überhaupt etwas wollen, etwas gestalten kann, ohne dass es schon eine Welt als Widerpart hat. Wie kann das Ich aber sicher sein, dass das, was es an einer gegebenen Welt zu gestalten meint, wirklich von ihm gestaltet und gewollt wird und ihm nicht insgeheim von der Welt aufgedrückt wird? Denn wenn dieses weltgestaltenwollende Ich keine Form, keinen Inhalt, keine Kontur hat, nichts ist, was sich fassen lässt, kann N. nicht wissen, ob er es wirklich selbst ist, der hier formt und gestaltet.

Mit seltsam verschrobenen Geistesspielertricks verkürzt sich N. die ruhelosen Nächte. Aber die Sache scheint ihm sehr wirklich: Er will frei sein, in seinem Verhalten seinen eigenen freien Willen ausdrücken.

Es sind keine abstrakten Probleme, die N. jetzt umtreiben, keine prinzipiellen Souveränitätsfragen, sondern die Frage, ob er nun griechisch, türkisch oder thailändisch essen gehen solle, ob Milch besser für ihn wäre als Mineralwasser, ob er besser auf dem linken oder auf dem rechten Gehsteig zum Büro eilen solle, ob er sich heute eine Tageszeitung kaufen oder lieber den Leitartikel im Internet nachlesen solle. Fragen dieser Art, die er früher einfach unwillkürlich so oder anders entschieden zu haben meinte, beschäftigen ihn jetzt ganze Tage lang. Er kann nicht entscheiden, ob die jeweilige Entscheidung wirklich Ausdruck seines Ichs, seiner Freiheit, oder ein Zufallsprodukt ist. Er weiß nicht, wo er den gemeinsamen Nenner seines Lebens, all seines Verhaltens suchen soll.

Die Scheu vor dem Monumentalen überwindet N. jetzt ohne jede Mühe, indem er sich selbst zum Monument macht: fiat ego, pereat mundus, das Ich soll werden, mag die Welt auch zugrundegehen). Es ist ein Husarenstreich, mit dem er die Lähmung pariert, die ihm der eingebildete Eigenwille der toten Dinge eingeflößt hat. Ob die Kategorien angemessen sind, mit denen N. sein Dasein beschreibt, sei dahingestellt: Allmacht auf der einen, Ohnmacht auf der andern Seite. Aber ich will mir das Moralisieren versagen. Ich will N. auch nicht nahe legen, er habe Verantwortung für die Geschicke der Welt zu tragen und er müsse sich darauf besinnen, dass er die Welt nicht geschaffen, aber sich um sie zu kümmern habe. Denn ich wüsste nicht, woraus ich diesen Anspruch ableiten sollte, wenn ich nicht nachweisen kann, dass N. mein ethisches Fundament teilt. Von Ferne erinnert die Souveränitätsidee, mit der N. sich den Druck der Dinge vom Hals zu schaffen hofft, durchaus an die stoischen Freiheitsphilosophie. «Du, Zeus, und du, mein Schicksal, führet mich dorthin, wo ich nach eurem Rat und Willen stehen soll. Ich folge ohne Zaudern. Wollte ich es nicht, so tät' ich übel dran und müßte endlich doch.» (Epiktet, *Handbüchlein*, Kap. 53, S. 47f.) Der Stoiker ist sich mit anderen Worten bewusst, dass er wie der an einen Wagen gebundene Hund dem äußeren Gang der Welt ausgeliefert ist und das in seiner Macht Stehende mit dem Unausweichlichen nur versöhnen kann, wenn er mit dem Wagen mitläuft, während er mitgerissen wird, falls er sich weigert. (SVF II, 975) Oder um es mit Kleanthes und Seneca zu sagen: «Es führt das Schicksal den Wollenden, den Nichtwollenden reißt es mit sich fort.» (*Briefe an Lucilius* 107, 11, *Schriften* 4, 634) Die Freiheit, die der Stoiker sich und seinen Mitmenschen zugesteht, ist eine innerliche Angelegenheit, ein Zustand der Seele und weder ein Rechtszustand noch die Chance einer Wahl zwischen unterschiedlichen Handlungsoptionen.

Nun, dieser stoische Begriff von Freiheit mag als Ansporn zur Selbstberuhigung dienen. Jedoch stimmt das Konzept augenscheinlich nicht passgenau mit der Vision von der eigenen Freiheit überein, die N. sich ausmalt. Er schafft sich kein kleines inneres Reich der Freiheit, das er gegen alle äußere Bedrängnis abgeschirmt hält, sondern liebäugelt mit der Rolle des Welturhebers. N. unterzieht sich nicht der notwendigen Ich-Beschränkung, die dem stoischen Freiheitsgedanken zugrunde liegt, gelassen vor den Nötigungen des Nicht-Ichs zu kapitulieren, sondern er gefällt sich in Ich-Verabsolutierung. Ein Pate hierfür ist eher bei dem Anarcho-Solipsisten Max Stirner (1806–1856) als bei Seneca zu finden: «Ich bin [nicht] Nichts im Sinne der Leerheit, sondern das schöpferische Nichts, das Nichts, aus welchem Ich selbst als Schöpfer alles schaffe. [...] Meine Sache ist weder das Göttliche noch das Menschliche, ist nicht das Wahre, Gute, Rechte, Freie usw., sondern allen das *Meinige*, und sie ist keine allgemeine, sondern ist – *einzig*, wie Ich einzig bin. Mir geht nichts über Mich!» (Stirner, 5) Während Stirner einen heiteren Selbstgenuss propagiert und sich um alles Schwere, allen Bierernst nicht schert, hat N.s Ich-Verabsolutierung einen panischen Einschlag. Ihr geht jedes Kokettieren und Tändeln, jede ironische Leichtigkeit ab.

N.s Kapriolen gründen in dem Wunsch, etwas Festes, Sicheres unter die Füße zu bekommen, etwas Letztgültiges, von dem aus sich alles wie von selbst ergibt, alle Knoten sich auflösen. In diesem Letztabsicherungstrachten sitzt er mit den Stoikern in einem Boot. Dem ursprünglichen Unbehagen, nicht in einer eigenen Welt zu sein, kein eigenes Leben zu haben, der Leidensträchtigkeit all der unsicheren Verhältnisse, in denen wir notgedrungen leben, begegnet N., indem er auf Absolutheitsversprechen Wetten abschließt: zuerst auf eine selbstgewählte Mitwelt, Religion und Wissenschaftsideologie, dann auf gesammelte Dinge, schließlich auf ein unverrückbares Ich. Aber N. verliert all diese Wetten. Im Falle des verabsolutierten Ich zeigt sich das an seiner Entscheidungsunfähigkeit: Aus einem absoluten Ich ist keine Entscheidung ableitbar, die sich auf Konkretes und Kontingentes bezieht. N. gibt jetzt zwar vor, sich für sein Ich entschieden zu haben, deutet es aber als etwas gänzlich Statisches, als etwas von allen Wandlungen Ausgeschlossenes, in Analogie zu seinen gesammelten Dingen, die ebenfalls statisch und wandlungsunfähig erschienen. Da jede Entscheidung, die N. in seinem Dasein treffen muss, eine Entscheidung ist, die sich auf eine in Wandlung begriffene Welt zu beziehen hat – ob er griechisch, türkisch oder thailändisch essen gehen solle, ob Milch besser für ihn wäre als Mineralwasser, ob er besser auf dem linken oder auf dem rechten Gehsteig zum Büro eilen solle, ob er sich heute eine Tageszeitung kaufen oder lieber den Leitartikel im Internet nachlesen solle –, kann es ihm nicht gelingen, Entscheidungen zu treffen, die der Unwandelbarkeit, der Statik seines Ichs angemessen sind.

N.s Ich ist womöglich nichts weiter als eine Chimäre, ein metaphysisch verworrener Wunschtraum, ja Ausdruck intellektuellen Irrsinns. Mit seinem Ich will sich N. der Wandelbarkeit aller Dinge entziehen und hartnäckig leugnen, dass er selbst ein wandelbares Ding ist. N. verkennt die einfache Tatsache, dass es ein Ich nicht gibt ohne eine ihn umgebende und bedingende Welt, dass es kein Individuum gibt ohne Gesellschaft und dass überhaupt die Entgegensetzung von Individuum und Gesellschaft nur eine begriffliche Fiktion ist, die nichts erklärt, denn jeder Mensch ist immer schon in Gesellschaft, vom Tag seiner Geburt, vom Tag seiner Zeugung an. Ichs stehen stets, wie der Soziologe Norbert Elias das ausgedrückt hat, in Konfiguration zu anderen Ichs. Erst in der Neuzeit haben die Ichs begonnen, sich als «homines clausi» zu verstehen, «als von Grund auf unabhängige Einzelwesen, als Monaden ohne Fenster, als vereinzelte ‹Subjekte›, denen die ganze Welt, also auch alle anderen Menschen, als ‹Außenwelt› gegenübersteht und deren ‹Innenwelt› wie durch eine unsichtbare Mauer von dieser ‹Außenwelt›, also auch von anderen Menschen, abgetrennt ist» (Elias, *Ein-*

samkeit, 81). Den Menschen in dieser Weise als vereinzelt zu denken, ist die schlechte Angewohnheit neuzeitlicher Philosophie, die damit nichts weiter als den Narzissmus des Kleinkindes reproduziert, das sich für das Zentrum der Welt hält und die absolute Aufmerksamkeit dieser Welt will – buchstäblich will, dass sich alles um es dreht. Schaut man näher hin, wird man sich aber nicht weiter darüber betrügen können, dass ein Ich nie an sich auftritt, nichts Festgefügtes ist, das eine sichere Innenwelt gegen die Unbillen der Außenwelt verteidigt. Die vermeintlich sichere Innenwelt und das Ich selbst sind historisch kontingent. Das Ich ist, was es ist, durch die raumzeitlichen Bedingungen, in denen es steht – das Ich ist eine Funktion seiner Welt. Das heißt allerdings nicht, dass es diesen raumzeitlichen Bedingungen einfach nur ausgeliefert bleibt, sondern es hat in ihrem Rahmen durchaus Spielraum, zu agieren.

Diesen Spielraum kann, wer will, auf den hehren Namen Freiheit taufen – trotz der allgegenwärtigen Sklaverei. Nur muss das Ich einsehen, in Interdependenz, in einer ständigen Austauschbeziehung mit der von ihm bewohnten Welt zu leben. Daher hilft es nicht, zu meinen, ausgerechnet das Ich sei fest, gewiss und stabil. Das Ich erscheint, so gerne es das auch hätte, nicht als souveräner Unternehmer seines Lebens, der die Welt wie ein Tycoon zum Zweck des eigenen Genusses beliebig instrumentalisiert. Das Dasein ist auch kein freier Markt, denn über die meisten seiner Umstände kann das Ich nicht verfügen – oder doch nur im Akt der Selbstabschaffung.

Vielleicht ist, worüber N. schon viel früher einmal räsonniert hat, das Ich nur eine Vorspiegelung der Grammatik – etwas, was es auf dem Papier, nicht aber in der Wirklichkeit gibt – eine ungerechtfertigte Ableitung eines realen Dings aus dem bloßen gedankenlosen Sprachgebrauch. «Manchmal weiß ich selber nicht mehr, ob ich einer von den einen bin oder ein anderer. Am liebsten wäre ich ich selber, aber das ist natürlich unmöglich.» (Enzensberger, 195).

Der Therapeut

Fällt das Wort «Freiheit», geraten moderne Philosophen in Ausschweifungen. Oder genauer: eine bestimmte Sorte moderner Philosophen, nämlich diejenigen, die man im englischen Sprachraum «Continental Philosophers», kontinentale Philosophen nennt – und so die eigene Philosophie, die britische, die nordamerikanische und die australische, als insular ausweist. Aber so insular diese Philosophie, die häufig «Analytische Philosophie» heißt, in der Sache und in ihrem Horizont auch sein mag: Sie hat ein beträchtliches kolonisatorisches Potential und besetzt nach und nach alle Schaltstellen des akademisch-philosophischen Denkens auf dem alten Kontinent. «Freiheit» ist bei den kontinentalen Philosophen eine Art Bannformel gegen die insular-analytischen Kolonisatoren-Kollegen, denen man – weil sie irgendwie im verschwörerischen Verbund mit den exakten Wissenschaften zu stehen scheinen – Freiheitsvergessenheit und ein technizistisches Welt- und Selbstverständnis unterstellt. Die insular-analytischen Philosophen gelten bei aller Luzidität ihrer Argumente als eigentliche Dunkelmänner, die mit Genetikern und Gehirnforschern gemeinsame Sache zur Abschaffung der Freiheit machen.

Dass sich unter den insular-analytischen Philosophen viele Verteidiger der menschlichen Freiheit finden, interessiert die kontinentalen Kritiker dabei wenig. Mich im übrigen auch nicht, weil mich die kontinental-analytischen Scharmützel eigentlich nichts angehen. Hingegen geht mich das Freiheitspathos etwas an, mit dem sich Herr N. in seiner Ich-Besessenheit schon zu Lebzeiten einbalsamiert. Man hört hier den Nachhall einer spätidealistischen Philosophie, die den «Geist» als Ursache seiner selbst versteht und «Spontaneität» als die Fähigkeit, ohne vorgängige kausale Bestimmung durch Handeln etwas Neues zu schaffen. Das alte stoische Denken ist das schiere Gegenteil einer solchen

Freiheitsphilosophie. Stoisches Denken ist hart und kalt, gerade weil es für die Freiheit so wenig Raum lässt. Alles, was geschieht, geschieht nach stoischer Lehre im Hamsterrad der Notwendigkeit. In heutiger Begrifflichkeit wären die alten Stoiker stählerne Naturalisten, ja Materialisten; sie verschwenden keinen Gedanken darauf, wie sie wohl am gefälligsten über Freiheit parlieren könnten. «Freiheit» ist das Selbstbehauptungsmantra von Verfechtern einer philosophischen Disziplin, deren Nutzlosigkeit jedermann vor Augen steht. Als ob die Menschen die Freiheit nur unter philosophischer Anleitung gebrauchen könnten! Die Freiheit, die man als Stoiker hat, ist nur die Freiheit, sein Inneres in Ordnung zu halten und diese Ordnung gemäß der Ordnung der Welt zu organisieren, die eine zwingende Ordnung ist, die sich ohnehin durchsetzt. Viel Freiheitsspielraum bleibt nicht – nur die Freiheit, sich so oder ein bisschen anders mit dem Gegebenen zu arrangieren.

Man sieht leicht, was bei verbalen Freiheits-Ausschweifungen schief läuft, nämlich, sich dem Zwang einer falschen Alternative, einer falschen Metapher ausgeliefert zu haben. Und zwar bewegen wir uns bei den Diskussionen um die sogenannte Freiheit des Willens (als ob man wissen könnte, was das für ein Wille ist) im Vorstellungsfeld der Festkörperphysik, der Mechanik: Eine Billardkugel trifft auf eine andere Billardkugel und veranlasst deren Bewegung in eine bestimmte Richtung. Die zweite Kugel ist vollständig determiniert. Oder aber die Kugel rollt ganz aus sich heraus, weil sie es so will. Dann ist sie frei. Diese Vorstellungswelt ist bei der Freiheitsfrage nicht etwa deswegen unangemessen, weil Billardkugeln und Menschen völlig verschiedene Wesen wären, einer unterschiedlichen Seinssphäre angehörten. Ob sie das tun, können wir nicht wissen. Vielmehr ist die fragliche Vorstellungswelt für die Freiheitsfrage unangemessen, weil sie eine sehr komplexe Angelegenheit hochgradig vereinfacht und vereinseitigt. Denn die schließlich erfolgende Bewegung der zweiten Billardkugel ist keineswegs nur durch die erste Kugel und deren Bewegung determiniert, sondern ebenso durch die Beschaffenheit der zweiten Kugel selbst. Die Art und Weise, wie die zweite Bewegung zustande kommt, hängt also ganz wesentlich davon ab, was es für ein Objekt ist, auf das die erste Bewegung einwirkt. Ist die Kugel zu schwer oder ist das Objekt gar keine Kugel, kommt auch keine sichtbare Bewegung zustande. Diese nähere Erläuterung der diskussionsbestimmenden Vorstellungswelt aus der Mechanik hilft, zu verstehen, was dort geschieht, wo wir es nach Auskunft der Freiheitsphilosophen mit etwas kategorial völlig Andersartigem und Unvergleichlichem zu tun haben, nämlich mit menschlichem Handeln: Auch die Billardkugel ist keineswegs einfach determiniert durch die auf sie einwirkende Bewegung, sondern ihr eigenes Wegrollen oder Liegenbleiben hängt von ihr selbst ab, von ihrem eigenen ‹Wesen›. Genau so steht es um die Reaktion eines menschlichen Individuums auf Impulse, die auf es einwirken. Jetzt wird man einwenden, ein Mensch könne im Unterschied zur Billardkugel auf den Impuls so oder anders reagieren – er habe eine Wahl, während die Billardkugel sich schlicht so verhalten müsse, wie es ihrer materiellen Natur entspreche. Daran ist, so halte ich dagegen, richtig, dass die Dinge sich beim Menschen unendlich viel komplizierter gestalten, insofern seine Beschaffenheit nicht einfach die eines toten Stücks Stoff ist. Die unendlich viel kompliziertere Beschaffenheit eines Menschen macht es uns unmöglich, mit annähernder Gewissheit vorauszusagen, wie der Mensch mit dem auf ihn einwirkenden Impuls umgehen wird. Und doch ist das Geschehen bei der Kugel und beim Menschen nicht prinzipiell und kategorial verschieden: In beiden Fällen haben wir es mit der Transformation von außen kommender Impulse zu tun; in beiden Fällen wird der Impuls vom betroffenen Objekt – Mensch oder Billardkugel – transformiert. Der Mensch und die Kugel sind also Impulstransformatoren: Was aus dem Impuls wird, entscheidet sich, je nachdem, wie der Impulstransformator beschaffen, geartet und geneigt ist. Auch die Entscheidung eines menschlichen Impulstransformators, auf einen Impuls nicht zu reagieren, ist eine Umsetzung, eine Transformation des Impulses.

Was folgt daraus? Es folgt, dass es ebenso unsinnig ist, von der vollständigen Determination eines Geschehens zu sprechen wie davon, dass das Geschehen – auch ein sogenanntes Handeln – vollständig frei und spontan sei. Jedes Geschehen bedarf eines Transformationsmediums – des Menschen oder der Billardkugel –, eines Mediums, das das Geschehen verändert, einfach dadurch, dass es selbst ist, was es ist. Die sogenannte Spontaneität, die Fähigkeit, rein aus sich heraus Denkakte oder Handlungen hervorzubringen, ist eine philosophische Abstraktion, die bei Göttern vorkommen mag, nicht aber bei empirischen Wesen – Menschen und Billardkugeln. Menschen denken und handeln stets in einer gegebenen Welt, in Reaktion auf die Impulse, denen sie ausgesetzt sind. Ich kann beispielsweise keine Pläne schmieden, mich unter Menschen oder Billardkugeln so oder so zu verhalten, wenn mir nicht schon eine Welt gegeben ist, in der es Menschen und Billardkugeln gibt. Was für Pläne ich schmiede und wie ich mich wirklich verhalte, hängt aber eben wesentlich davon ab, wer oder was ich im Augenblick gerade bin – Mensch oder Billardkugel.

Das Sein von Menschen findet wie das Sein von Billardkugeln in einer jeweils gegebenen Welt statt. Daher ist die Fülle der Möglichkeiten oder der Freiheitsspielraum notwendig beschränkt. Niemand handelt im leeren Raum. Es ist nur ein Trick, wenn man dann sagt, ein Mensch werde – im Unterschied zur Billardkugel – von den Impulsen aus der von ihm bewohnten Welt nicht etwa determiniert, sondern nur angeregt, aus sich heraus spontan zu handeln. Sich bei derlei Taschenspielereien aufzuhalten, lohnt sich kaum, da eben auch die Billardkugel nicht einfach durch die auf sie einwirkende andere Billardkugel determiniert, also vollständig bestimmt wird. Richtig sagt die Diagnostikerin, Menschen gebe es nur in «Konfigurationen».

Soll heißen: Ich bin immer mit anderem zusammen – anderen Menschen, anderen Dingen, einer Welt. Dieses Andere wird kein Ich jemals los, solange es ein Ich ist.

Jemand könnte zu bedenken geben, ein Ich werde sich nur dann von allen Konfigurationen befreien und seine Freiheit verwirklichen, wenn es seinem Leben, seinem In-der-Welt-Sein ein Ende setzt. Der paradoxe Befund würde dann lauten, dass ich nur in dem Augenblick wirklich ich bin, wo ich mich selbst abschaffe. Jedoch sind meine Wünsche, mein Denken, mein Fühlen bis dahin und noch im Augenblick meiner Selbstabschaffung in unauflösbarer Verstrickung mit dem, was meine Welt ausmacht. Ich stehe noch im Akt der Selbstabschaffung in Konfigurationen – und danach bin ich gar nicht mehr. Das alte stoische Freiheitsversprechen, dass wir nämlich frei seien, weil wir jederzeit dieses Leben hinter uns lassen können, ist also ein sehr relatives Versprechen.

Ein anderer Aspekt scheint mir gewichtiger: Das neuzeitliche Individuum, das glaubt, ganz für sich sein zu können, definiert sich traditionell durch ein scheinbar unveräußerliches Set von Gewissheiten, von Überzeugungen. Die protestantische Ansicht, allein der Glaube mache selig, reicht weit über die theologische Sphäre hinaus. Für den «homo clausus» gehören Überzeugungen zum eisernen Bestand dessen, was ihn ausmacht. Wenn nun aber der Mensch nie für sich allein ist, sondern immer figuriert in manigfaltigsten Zusammehängen, dann sind seine Überzeugungen immer neuen Impulsen ausgesetzt. Dies wiederum bedeutet, dass Überzeugungen ebenso wie Individualitäten wandelbar sind, je nach Rahmenbedingungen. Gewissheiten neigen zu einem Ungewissheitsüberschuss.

Wer in stoischer Manier nach Seelenruhe trachtet, kann sie allein durch Verzicht gewinnen. Durch Verzicht auf Gewissheiten, auf zementierte Überzeugungen, deren Fundament tektonischen Verschiebungen in den Rahmenbedingungen nicht standhält. Insbesondere ein Versicht auf letzte, auf metaphysische Gewissheiten wird anzuraten sein. Was für ein Ich könnte als letzte, sichere Gegebenheit wirklich noch existieren? Oder wäre es die ultimative Beruhigung, zu wissen, dass es auch ein Ich nicht gibt, dass am Ende gar keine Macht über gar nichts da ist? Das wäre die buddhistische Transfiguration des Stoizismus.

Einmal mehr bin ich damit am toten Punkt meiner stoischen Therapiebemühungen angelangt, nämlich bei der Erkenntnis, dass wir im Unterschied zu den alten Stoikern über keine felsenfesten Erkenntnisse mehr verfügen. Moderne stoische Beruhigung kann deshalb nicht darin gesucht werden, dass wir derlei felsenfeste Erkenntnisse als unhintergehbare Gewissheiten herbeireden. Wir müssen unseren Stoizismus vielmehr auf Provisorisches abstützen, auf provisorische Erkenntnis und auf provisorisches Sein, denn alles Seiende, was uns bekannt ist, hat einen Anfang – und damit ist auch sein Ende abzusehen. Der Kardinalfehler der meisten Philosophen seit Parmenides war es, Sicherheit im Erkennen haben zu wollen und damit das eigene Selbst- und Weltverhältnis einzufrieren. Für ein bewegtes Wesen – kein Stein, kein Baum (letzterer ist auch nicht ganz unbewegt) – ist es tunlich, seine eigenen Gewissheiten zur Disposition zu stellen. Ein solches Wesen muss immer wieder neue Perspektiven einnehmen.

Bisher haben die Philosophen Theorien erdacht, die nur auf Steine, nicht einmal auf Bäume, geschweige denn auf Menschen anwendbar sind. Moderner Stoizismus erscheint nur als ein temporäres, nicht als definitives Selbststabilisierungsprogramm möglich. Temporären Wesen wäre eine definitive Stabilisierung nicht zuträglich.

Daraus wird man zwanglos folgern, dass kein moderner Stoiker hoffen sollte, es werde ihm ein Leben ganz ohne Beunruhigung vergönnt sein. Solange er sich sorgt, ist er am Leben – mag er sich auch um seine endgültige Beruhigung sorgen. Sich-Sorgen macht menschliches Leben aus – weil jedes Leben ein Leben im Provisorium ist. So zu tun, als könne man dieses Sich-Sorgen gänzlich abstreifen, hieße den Anschein erwecken, schon tot zu sein. Es mag sein, dass dieser virtuelle Suizid zu Lebzeiten für arg Gebeutelte einige Verführungskraft besitzt. Aber eigentlich erscheint es mir nicht wünschenswert, bereits zu Lebzeiten tot zu sein. Tot bin ich schließlich noch lange genug.

Manche apokalyptischen Propheten meinen, in der Lebenswelt der Gegenwart hätten sich die Einsatzpunkte des uns beunruhigenden Schicksals vervielfältigt: Überall drohten wir aus der Bahn geworfen zu werden: Ehe- und Finanzkrisen, Arbeitsplatz- und Liebesverlust, religiöse und metaphysische Obdachlosigkeit. Aber dadurch sind wir – gegen die apokalyptischen Propheten – keineswegs zu einem trostlosen oder tragischen Dasein verurteilt. Richtig ist, dass wir verzettelte, multipolare Existenzen führen, die sich nicht auf einen einfachen Nenner, einen klaren und deutlichen Begriff bringen lassen. Durch diese Verzettelung sind wir der Kontingenz allenthalben ausgesetzt – freilich mit vermindertem Risiko. Schlägt das Schicksal an einer Stelle zu, haben wir noch genügend andere Seiten, um uns einigermaßen schadlos zu halten. Oder doch beinahe. Der einzelne Angriff des Schicksals wirft uns selten ganz aus der Bahn, weil wir viele Bahnen haben. Schicksalsschläge sind nicht mehr so gravierend, weil sich alles verteilt, alles neutralisiert.

Stoa bedeutet heute, der Vielfalt, der Verzettelung eine Einheit, eine Form zu geben – im Wissen darum, dass die Form provisorisch bleibt und in der Einheit die Vielfalt nur vorübergehend aufgehoben ist. Größere und auch ganz kleine Schicksalschläge verlangen nach steter Anpassung der Form, nach stetem Neuerfinden der vielfältigen Einheit. In diesem Formgebungswillen, nicht etwa im Mangel an Wissen oder Wissenwollen, liegt der Unterschied zur Skepsis. Die Skepsis lässt alle Vielfalt unverbunden stehen, sie verzichtet aufs Formgeben. Der moderne Stoiker übt sich im Formgeben aus existentieller Nötigung heraus, nicht aus ästhetischem Plaisir. Herr N. veranschaulicht diesen Formgebungswillen in der Praxis. Moderner Stoizismus strebt nach einer Vereinheitlichung der disparaten Lebensregungen. Naturgemäß-Leben bedeutet jetzt, sich anhand des Gegebenen eine Natur zu schaffen, nicht schon eine zu haben.

Coolness

N. sagt sich, seine Entscheidungsunfähigkeit lasse sich auch zum Prinzip machen. Es gibt keine Nötigung, sich auf irgendeine Essens- oder Straßenseitenwahl einzulassen. Distanz zu allem ist das beste Rezept gegen Schlaflosigkeit.

Die Kraft für anhaltende Gehirnmarterung schwindet. Statt grauer Theorie ist N. eine Praxis, sich nichts anhaben zu lassen, entschieden lieber. Allzu bunt darf es dabei nicht zu- und hergehen. Schwarz erscheint ihm als die angemessene Farbe seines neuen Lebenszustandes. Die Entscheidungsunfähigkeit hindert ihn nicht daran, sich schwarze Lederkluft, ein Haarband und allerlei Accessoires zu kaufen, die der Verkäufer für nicht altersgemäß hält. Aber der Kunde, gerade wenn er sich so distanziert gibt, ist natürlich König. N. ist jetzt cool, ganz cool.

Schon die Vokabel «cool» ist entlastend. Unterschiedslos anwendbar auf schlechterdings alles und jedes, muss N. den entschiedenen Distinktionswillen nicht bemühen, der die Ikonen des Coolen in Film, Musik und Literatur erst zu Ikonen gemacht hat. Wenn alles cool sein kann, braucht N. sich nicht damit abzumühen, es zu werden. Seine Coolness stellt sich ganz von selbst ein.

Die Diagnostikerin

Dass souverän ist, wer nur auf sich selbst angewiesen ist, hat N. schon früher erkannt, auch wenn er sich zu solcher Souveränität nicht durchringen konnte. Denn er hatte da ja noch eine Welt, die er weder geschaffen hatte noch einfach loswurde. Die neue Selbstmedikation zwecks Souveränität heißt jetzt «Coolness». Sie ist ein wohlklingender Vorwand, sich nur mit sich selbst beschäftigen zu dürfen.

Das Problem der Coolness gründet auf dem Problem der Selbstmächtigkeit, das wiederum *das* Grundproblem der hellenistischen Philosophie ist. Um N. zu verstehen, muss ich diesmal tief in den Brunnen der Vergangenheit hinabsteigen. Die Zeit der autonomen Stadtstaaten war mit dem Weltreich Alexanders und den Diadochenreichen vorbei, damit auch nennenswerte Chancen des Bürgers, mit Eifer das Gemeinwesen aktiv zu gestalten. Der Rückzug in die Innerlichkeit lässt sich besonders gut bei den Epikuräern und den pyrrhoneischen Skeptikern beobachten, während die Stoa noch lange Zeit dem Philosophen den Einsatz fürs Gemeinwohl vorschrieb. Viele hellenistische Philosophen begründeten ihren Rückzug ins Eigene und Innere nicht mit der Aussicht auf die Schau höchster, ewiger Gegenstände. Ihr Rückzug war als eine Technik der Leidensverringerung konzipiert. Diese Technik hat etwa Pyrrhon von Elis (ca. 360–270 v. Chr.) zu früher Vollendung gebracht, «indem er dem Standpunkt der Unbegreiflichkeit der Dinge und der Zurückhaltung des Urteils Eingang und Geltung verschaffte» (DL IX 61, Bd. 2, 192) – nicht indem er eine neue Lehre verkündete, sondern indem er mit seinem Leben ein Beispiel gab.

Ataraxie, Unerschütterlichkeit bezeichnet sowohl bei den Pyrrhoneern wie bei den Epikuräern das zu erreichende innere Gleichgewicht. Während der Pyrrhoneer aber die Ataraxie durch den völligen Verzicht auf jegliches Urteilen zu erreichen hoffte und so sich jeder Festschreibung einer Lehre ebenso verweigerte wie jedem feststellenden Sprechen, hat Epikur (342–271 v. Chr.) eine derart ausgefeilte, festgeschriebene Lehre entwickelt, dass seine Schüler sich nur um deren lebenspraktische Reproduktion zu bemühen brauchten, nicht aber um deren Weiterentwicklung. Die Ataraxie erreichen wir nach epikuräischer Ansicht nicht durch Verzicht auf jegliches Urteilen, sondern durch erkenntnisangeleitetes Wählen des Richtigen, soll heißen: durch Vermeiden des Schmerzes, «liegt doch allen unseren Handlungen die Absicht zugrunde, weder Schmerz zu empfinden noch außer Fassung zu geraten» (DL X 128, Bd. 2, 282). Die Schmerzfreiheit macht die so übel beleumundete Lust, in der nach Epikur das Glück liegt, schon wesentlich aus. Die kühle Lust muss der menschlichen Natur angemessen sein, ansonsten hört sie auf, eine Lust zu sein. Entsprechend ist Genügsamkeit die geforderte Tugend – «nicht, um uns in jedem Falle mit wenigem zu begnügen, sondern um, wenn wir nicht in Hülle und Fülle haben, uns mit dem wenigen zufrieden zu geben in der richtigen Überzeugung, dass diejenigen den Überfluss mit der stärksten Lustwirkung genießen, die desselben am wenigsten bedürfen» (DL X 130, Bd. 2, 283). Epikur entwirft also eine raffinierte Diätetik der Lüste, die die Überfülle ebenso ausschließt wie die Auszehrung und ein Leben im Verborgenen gemeinsam mit guten Freunden als Ideal ausmalt. Der ausgeglichene Zustand der Seele stellt sich nach Epikur freilich nicht ein, solange wir nicht durch Erkenntnisarbeit die Furcht vertreiben, die unserer kühlen Lust abträglich ist (DL X 143, Bd. 2, 289).

Dass Erkenntnis die Vorbedingung für ein glückliches Leben sei, ist auch die Überzeugung der Stoa. Die hier für erforderlich gehaltene Erkenntnis greift freilich viel stärker in Metaphysik und Theologie aus, als dies Epikur tunlich erscheint. Erst wer Einblick in die Vollkommenheit der Welt und in die alles durchwaltende göttliche Weltvernunft gewonnen hat, hat die Chance, sein Leben in Übereinstimmung mit dem Weltganzen so zu gestalten, dass es tugendhaft und damit zugleich glücklich wird.

Den römischen Stoikern erschien die philosophische Lebensform als ständiges Kriegführen gegen Affekte und widrige äußere Einflüsse – «Leben heißt Kriegführen» (Seneca, *Briefe an Lucilius* 96, 5). Die stoischen, heute gern als «cool» apostrophierten Lebensführungsmaximen zielen auf eine Minimierung der Angriffsfläche, die man dem Schicksal bietet; sie haben eine asketische Praxis vor Augen, die Distanz zu allem hält, was das höchst prekäre Gleichgewicht – Apathie genannt – aus dem Lot bringen könnte. Nur die Dinge, die in unserer Machst stehen, sind von Belang, nämlich die Dinge unseres Innenlebens. Äußerlichkeiten werden einer radikalen Vergleichgültigung unterworfen, die gegenüber den meisten Dingen Urteilsenthaltung gebietet (Mark Aurel XI 16). Der Stoiker gibt die Vorstellung preis, sein Glück sei irgendwie relational, hänge von seiner Umwelt ab. Er sucht es nur in sich selbst – in einem Selbst, das er vernünftig zu ordnen sich bemüht, nämlich als Abbild der postulierten Harmonie des Kosmos. Er erreicht Glück durch Abkoppelung.

Zweifellos leben manche Elemente antik-philosophischer Lebenstechnik in modernen Coolness-Ideologien fort. Da wäre zunächst das Ideal der Autarkie. Der Unterschied besteht freilich darin, dass die Tätigkeit, die dem antiken Philosophen obliegt, das Denken ist – eine Tätigkeit, die das Gros der heutigen Coolen ängstlich vermeidet. Da ist N. fast schon eine Ausnahme.

Sodann adaptiert der Coole zum einen den Metaphysik- und Überzeugungsverzicht des Pyrrhoneers, insofern er sich gegen nichts so sehr wehrt wie dagegen, festgelegt, verantwortlich und haftbar gemacht zu werden. Zum anderen wählt der Coole aber doch, nämlich seinen spezifischen Stil, seinen spezifischen und genau geregelten, distinktionsbewussten Konsum – und da nähert er sich dem Epikuräer an, der keiner finsteren Askese huldigt, sondern sich zur Steigerung des Genusses im Hier und Jetzt kleine Verzichtsleistungen verschreibt, um seine Glücksquentchen umso gieriger auszukosten. Mit dem Pyrrhoneer und dem Epikuräer ist sich der Coole in der Apolitie einig: Die

Gemeinschaft – wahlweise der Uncoolen oder der Nicht-Philosophen – verdient nur Verachtung. Dem Stoiker schließlich ähnelt der Coole am ehesten im Pathos der großen Geste. Der Coole und der Stoiker verstehen es beide, ihr Leben so darzustellen, als hätten sie beständig mit großen Aufgaben zu ringen, als befänden sie sich ständig im Kampf, wahlweise mit unliebsamen Affekten oder mit einer unliebsamen Umwelt. Im einen Falle ist die Selbstmächtigkeit dann eine Vernunftleistung, im anderen Fall eine Stilisierungsleistung. Vielleicht sollte sich N. da noch ein Stück abschneiden.

Der Therapeut

N. hat mit seiner neuen Coolness das Rechte im Sinn, nämlich Haltung. Zur coolen Haltung bedarf es offenbar keiner philosophischen Unterweisung. Man wende mir jetzt nicht ein, Haltung ohne Gehaltenes sei leer. Auch verschone man mich mit dem Gejammer, Coolness sei der Ausdruck einer Welt, die sich im Prozess einer rasanten Abkühlung befinde, ja einer kulturellen Eiszeit entgegengehe. Die These von der erkaltenden Welt gehört spätestens seit Jean-Jacques Rousseau zu den Versatzstücken romantischer Kulturkritik, die begleitet zu sein pflegt von der These einer inneren Abkühlung: «Wie oft bin ich in meinen Forschungen zermürbt worden von der Kälte, die ich in mir spürte!» (Rousseau, *Émile*, livre IV, *Œuvres complètes* 4, 601) Aber wer weiß, ob die Thesen von der Welt- und der Selbstabkühlung wirklich zutreffen und nicht bloß ein ganz diffuses Unbehagen am Gegebenen machtvoll artikulieren, um über das Wie und Was dieses Unbehagens keine Auskunft geben zu müssen. Schaut man genauer hin, ist die Behauptung, in der Moderne durchlaufe die soziale Welt einen Prozess der Erwärmung (und Überhitzung) mindestens ebenso plausibel wie die Erkaltungsthese: Universale Rechenschaftspflicht jeglichen

Handelns und zwischenmenschliche Verbindlichkeiten nehmen womöglich eher zu als ab.

Wenn man schon mit thermischen Metaphern operiert, scheint es auf Anhieb plausibler, im Auftreten der Coolness als Paradigma der Lebensgestaltung eine Reaktion auf Überhitzung, auf zu starke soziale Kohäsionskräfte, auf zu starke Einbindungsansprüche zu sehen. Dass «cool» zur positiven Universalvokabel hat werden können, indiziert vielleicht sogar, wie breit die Zustimmung zu einem individuellen Recht geworden ist, sich diesen Kohäsionskräften und Einbindungsansprüchen zu entziehen. Herr N. macht von diesem Recht Gebrauch.

Coolness ist eine habitualisierte Technik des Sich-Entziehens. Aber um stoische Ausgeglichenheit bemühte Philosophen erscheinen nicht als Prototypen der Coolness – und zwar nicht deshalb, weil ihr Bemühen um Apathie mitunter einen verkrampften Eindruck macht und der Coole auf keinen Fall verkrampft wirken darf. Selbst der vollendete stoische Weise, der alle Verkrampftheit überwunden hat, ist ziemlich uncool. Der Idealtypus des Coolen, wie ihn insbesondere cineastische Leitfossilien (beispielsweise Humphrey Bogart als Rick in *Casablanca*) exemplifizieren, kommt nicht aus ohne innere Gebrochenheit und Zwiespalt, die wiederum dem vollendeten stoischen Weisen abgehen. Der klassische Coole muss an seinem Sich-Entziehen sichtlich leiden; er verbirgt Wärme, ja Überhitzung hinter seiner Kälte; er darf keine in sich ruhende, nur um sich selber kreisende Monade sein. Für Coolness ist eine habitualisierte Technik des Sich-Entziehens zwar notwendig, aber nicht hinreichend.

Die Diagnostikerin hat nur einen Teil der Geschichte der Coolness erzählt. Eine derart auf die unmittelbar anstehende Umkehr aller Verhältnisse bedachte Religion wie das Christentum muss, so eine sich aufdrängende Vermutung, die antike Welt mit einer gewaltigen Hitzewelle überspült haben. Dazu passt, dass die einzige Stelle, die man für den adjektivischen Gebrauch von «cool» in der King James Version der Bibel findet, nach Alexander Crudens klassischer Konkordanz nur eine marginale Lesart zu Sprüche 17, 27 ist: «a man of understanding is of a cool spirit» (Cruden, 97). Wer an die baldige Wiederkunft Christi und das nahende Weltende glaubt, verspürt wenig Neigung, seinen Mut zu kühlen und «cool spirit» zu wahren. Und doch schickte sich das Christentum an, sich aus einer jüdischen Sekte von Endzeitbewegten in eine Weltreligion zu verwandeln – ein Wandel, der nicht ohne Abkühlung des ursprünglichen eschatologischen Feuers möglich war.

Die hellenistisch-römische Inkulturation des Christentums, seine Zivilisierung brachte unvermeidlich Temperierungen ins Spiel. Selbst der Idealchrist Antonius Eremita (ca. 251–356 n. Chr.), der die meiste Zeit seines spirituellen Lebens mit der Abwehr dämonischer Versuchungen beschäftigt war, blieb in der Hitze dieses Gefechts stets darauf bedacht, bei aller heißen Sehnsucht nach einer besseren, jenseitigen Welt ein geradezu stoisches inneres Gleichgewicht zu gewinnen und zu wahren. Das ging bei ihm freilich nicht ohne Abtötung des aufsässigen Leibes. Für den Christen gab es keine Beruhigung, keine Coolness, solange der Mensch meinte, die Ausgeglichenheit wie der Stoiker oder der Epikuräer in eigener Regie und in eigener Verantwortlichkeit zu erlangen. Allein die Unterwerfung unter einen als väterlichen Herrscher verstandenen Gott bot die Aussicht auf seelische Beruhigung und schürte gleichzeitig die Glut des Glaubens. Da diese Glut die Aufmerksamkeit auf einen jenseitigen Gott und eine jenseitige Welt lenkte, fiel es dem Christen leichter als dem Philosophen, sich in dieser Welt als Fremder zu fühlen und sich cool aus ihr davonzustehlen. Und falls weltliche Beunruhigungen fehlten, erwiesen sich Christen aller Jahrhunderte höchst erfinderisch darin, überweltliche Beunruhigungen zu erfinden, um mit der Vision von Gericht und Verdammnis die Unerlässlichkeit von Glaubenseifer und göttlichem Gnadenzuspruch als einziger Beruhigungsquelle zu evozieren.

Die ungeheure Distanzverletzung, die den Kerngedanken des Christentums bildet – dass nämlich Gott Mensch geworden sei –, hat das Verhältnis des Menschen zu sich und seiner Welt, die Möglichkeiten der Distanznahme und die Nötigung zum Engagement für Letzte Dinge völlig umgestaltet. Auch heutige, postchristliche Coolness erhält sich zum einen den Glutkern eines Glaubens an künftig Besseres und fordert zum anderen Unterwerfung– zwar nicht Unterwerfung unter Gott, jedoch Unterwerfung unter spezifische, in raschem Wandel begriffene Codes, ohne deren Einhaltung auch der Distanzierteste hoffnungslos uncool erscheint. Herr N. ist mit seiner schwarzen Lederkluft da beispielsweise nicht ganz auf der Höhe.

In den letzen fünf Jahrhunderten haben sich die Chancen und Zwänge der Distanznahme vervielfacht. Zunächst hat sich der persönliche Gott, dessen unmittelbare Präsenz dem Menschen des christlichen Zeitalters stets vor Augen stand, mehr und mehr aus dem Blickfeld des neuzeitlichen Menschen entfernt. Sodann geriet mit der neuzeitlichen Astronomie das Geborgenheitsversprechen des geozentrischen Weltbildes in Verruf; die unermesslichen Weiten des Alls und die sichtliche Marginalität des Planeten Erde begründen ein menschliches Selbstverständnis, das sich schmerzlich bewusst wird, wie stark es kosmisch dezentriert ist. Das lange unverrückbar erscheinende soziale Gefüge wird brüchig; eine Abnahme zentripetaler Kohäsionskräfte innerhalb der abendländischen Gesellschaften führt dazu, dass das Individuum die Chance erkennt, auch zur eigenen sozialen Rolle auf Distanz zu gehen. Mit der allmählichen Erosion herkömmlicher religiöser, weltanschaulicher und sozialer Zwänge sieht sich manches Individuum auf sich selbst zurückgeworfen, aber es findet auch da zu viel Distanzierungswürdiges, um der neuen Freiheit recht froh zu werden: ein atavistisches Erbe etwa, das weit in eine dunkle Stammesgeschichte zurückverweist, als wir noch Affen waren, oder ein Unbewusstes, das sich mit aller Aufklärungsarbeit nicht zur Räson bringen lässt.

Nach dieser Version der neuzeitlichen Geschichte wird das Individuum genötigt, Techniken der Distanznahme zu entwickeln, ohne dass ihm diese Techniken doch zu einer in sich selbst ruhenden Persönlichkeit, womöglich nach Maßgabe antiker Weisheitslehren, verhelfen. Der neuzeitliche Mensch ist dazu gezwungen, ein Virtuose der Distanz zu werden. Die Flexibilität und Verfügbarkeit, die der Kapitalismus von ihm fordert, sind eine logische Beigabe. Aber das ist nur die eine Seite der Medaille. Die andere zeigt die Geschichte der letzten fünf Jahrhunderte als Geschichte unablässiger Versuche, jeden religiösen, weltanschaulichen, sozialen Distanzgewinn des Individuums abzuwenden durch die Erfindung neuer Instanzen, Ideologien und Institutionen. Es fällt nicht schwer, den Verlauf dieser letzten fünf Jahrhunderte, angefangen mit Reformation und Gegenreformation über den Absolutismus bis zu den modernen Nationalstaaten, Totalitarismen und Wohlfahrtsdemokratien, als fortgesetztes Ringen um Maßnahmen zur Domestizierung des deroutierten, distanzierungswilligen Menschen auszubuchstabieren.

Diese Maßnahmen werden von Menschen für Menschen erdacht, denn eigentlich fühlt sich niemand für die neuen Distanzfreiräume geschaffen und jeder sehnt sich danach, sie mit Nestwärme zu kompensieren, wobei er sich zugleich manche Vorteile des Distanzierungsgewinns sichern möchte. Die neuzeitlichen denkerischen Bemühungen um das, was der Mensch ist und was er sein soll, sind daher eingespannt in die Polarität radikaler Emanzipation und ebenso radikaler Einbindung.

Wie fügt sich heutige Coolness in dieses Mosaik? Sie erscheint als – häufig vorreflexiver – Versuch, Lebensoptionen durch Distanzierung von allerhand Kohäsionszumutungen zu wahren oder zu schaffen. Sie ist mittlerweile eine Hülle für unverbindlichen Genuss – wobei das Konsumierte möglichst neu, möglichst anders sein soll als das bisher und von Anderen Konsumierte. Der Coole unserer Tage ist umso cooler, je mehr er sich völliger Ideologie- und Überzeugungsabstinenz annähert; er hat nichts, wofür sich ein wirkliches Engagement lohnt – außer dem Anschein des Sich-Entziehens, der auch im wildesten Konsumexzess aufrecht erhalten werden muss. Seine Faszinationskraft liegt in diesem Widerspruch von Distanz und Involviertsein, wobei das Involviertsein beim heutigen Coolen nur noch in bestimmten, zugleich unendlich variablen Konsumpräferenzen besteht. Damit sinkt das Distanziertsein zur bloßen Pose ab – zur einer schönen Pose, die allgemein gefällt. Denn sie suggeriert, dass das Sich-Entziehen billig zu haben ist – und doch alles beim Alten bleiben kann.

Der heutige Coole ist deshalb so gefragt, weil er durch die Pose des Distanziertseins den Anschein zu erwecken vermag, er habe eine innere Glut im Zaum zu halten, die ihm ebenso fehlt wie seinen lauen Bewunderern. Er ist ein verkappter Kompromissler, dem die unerbittliche Konsequenz der alten Virtuosen der Distanz – des stoischen Weisen, des Kartäusermönchs – abgeht und der deshalb als Objekt weit verbreiteter Wunschprojektionen so geeignet ist. Der landläufige Coole ist die notdürftig verkleidete Verkörperung des wechselwarmen Sowohl–als-auch. Sein Leiden ist womöglich nur ein Leiden an einem akuten Leidensdefizit. Coolness wünscht Spannung, Anspannung des Lebens durch Extreme, aber überall scheint zwischen ihren Sehnen die Sehnsucht nach Geborgenheit durch. Es ist schade, dass der cool erkämpfte Distanzfreiraum selten für den Übergang aus einem vorreflexiven in einen reflexiven Zustand genutzt wird. Die im Coolen wirkmächtige Lust an der Entfremdung lässt sich – und daran sei Herr N. hiermit erinnert – in eine Haltung moderner stoischer Gelassenheit ummünzen, die keiner (leider unmöglichen) Authentizität oder Unmittelbarkeit hinterherhechelt, sondern die Unbestimmtheit der abendländischen Horizonte als Aufforderung zu einer Selbstgestaltung jenseits aller Stil- und Fühlzwänge der Coolness begreift. Herr N. sollte sich der Vergleichgültigung der meisten Dinge aus intellektuellem Selbstgestaltungsbedürfnis verschreiben.

Selbstpreisgabe

Eine Kehre in N.s Leben. So nennt er es, nachdem sich seine Coolness wie eine laue Morgenbrise verflüchtigt hat. Und zwar eine «Kehre gegen das Festhalten». N. weiß nicht, ob es eine Kehre gegen etwas gibt. Aber er will nicht mehr klammern, an Menschen, an Dingen. Denn da findet er nicht das, was er will – er findet nicht heraus, was er will, wenn er sich festlegt. Er hat angefangen, «viel über sich nachzudenken». Dem freien Fluss will er sein Leben hingeben. Jede Festlegung ist eine Einschränkung, eine Bestimmung seines Ichs, von der er nicht weiß, ob sie nicht von anderer Seite herkommt, ob nicht etwas anderes sie verursacht hat. Also durch die Nicht-Festlegung verhindern, dass er selbst festgelegt wird! Eine Gedichtzeile geht ihm nicht aus dem Kopf: «das Leben lag vor uns im Konjunktiv» (Petersdorff).

Zuerst praktiziert N. die Nicht-Festlegung virtuell. Jede beliebige Seite im Internet aufsuchen, Chat mit jedem Beliebigen in jedem beliebigen Chatroom. Mit jeder Beliebigen, um genau zu sein. Ein zweites und drittes Leben in digitalen Ersatzwelten ausprobieren. Wie fühlt man sich als junges Mädchen, wie als reicher alter Mann, wenn man sich die entsprechenden Identitäten zulegt?

Bei seiner Bank beantragt N. die «Termingeschäftsfähigkeit», die ihm nach Unterzeichnung einiger ungelesener Formulare bescheinigt wird. Er macht sich umgehend daran, per «Online-Banking» Optionsscheine zu kaufen und zu verkaufen – Wetten auf den künftigen Kursverlauf einer Aktie oder eines Rohstoffs abzugeben. Die Aktie oder den Rohstoff selbst kauft er dabei nicht, sondern nur das Recht, diese Aktie oder diesen Rohstoff zu einem bestimmten Zeitpunkt zu einem bestimmten Preis zu kaufen. N. ergötzt sich an den fiebrigen Kurven, die im Verlauf eines einzigen Tages sein Geld verdoppeln oder halbieren.

Es zeichnet sich ein langsamer Übergang von der virtuellen Nicht-Festlegung zur faktischen Nicht-Festlegung ab. N. besucht, zaghaft erst, Ü-30 Discos. Lässt sich von dortigen (männlichen) Zufallsbekanntschaften in Discos mit (weiblichen) Teenagern «abschleppen». Er durchtanzt da ganze Nächte, zum Amusement des jugendlichen Publikums. Zwei oder drei One-Night-Stands mit Mädchen, deren Alter er lieber nicht wissen will, schließen sich an. N. fasst den Mut, sich zu einer Swinger-Party einladen zu lassen, wo jeder mit jedem Sex hat. N. fühlt sich entlastet. Von der Mühsal, etwas Bestimmtes wollen zu müssen. Auch wenn er sich noch immer fragt, auf welcher Straßenseite er gehen soll.

N. staunt, dass er sich eines anderen Menschen ganz selbstverständlich als eines Werkzeugs bedienen kann. Er staunt, dass er kaum zwei Worte mit diesem anderen Menschen zu wechseln braucht und in Windeseile zur Befriedigung seiner Gelüste kommt – ohne Reue, ohne Gewissensqualen. Die Frage, die ihn noch vor einigen Wochen in Atem gehalten hätte, plagt ihn nicht, nämlich ob und inwiefern diese Gelüste die seinen seien, ob und inwiefern er Natur- und Triebwesen sei.

N. sagt sich, es gebe überhaupt keine Fragen mehr, über die nachzudenken sich lohne. Im Lebensstrom mitschwimmen, sich treiben lassen sei das Gebot nicht nur der Stunde. Eigenes oder Fremdes – was tut's. Die einschlägigen Partys besucht er jetzt fast täglich. Nur keine Bindung – an andere, an anderes, an ein imaginäres Eigenes, an ein imaginäres Ich.

Ganz glimpflich geht dieser heroische Verzicht aufs Eigene bei N. freilich nicht ab. Denn N.s Auflösung im Lebensstrom findet nicht statt. Der enthusiastische Orgiasmus, den N. postkoital oft mehr für ein Lippen- als für ein Unterleibsbekenntnis hält, will nicht so recht auf N.s andere Lebensvollzüge übergreifen. Sein Leben ist kein Rausch, wie er sich das zunächst eingebildet hat. Einkaufen muss er trotzdem, Rechnungen bezahlen, sich mit dem Vermieter herumschlagen, Winterreifen wechseln, mit Kollegen schwatzen. Vor der unbarmherzigen Nüchternheit erfriert der Orgiasmus, der Rausch verdampft.

Inzwischen bereiten ihm die Fragen, ob er griechisch, türkisch oder thailändisch essen gehen solle, ob Milch besser für ihn wäre als Mineralwasser, ob er besser auf dem linken oder auf dem rechten Gehsteig zum Büro eilen solle, ob er sich heute eine Tageszeitung kaufen oder lieber den Leitartikel im Internet nachlesen solle, schon physische Schmerzen. Der Lebensstrom, der doch alles fraglos in die richtigen Bahnen zu lenken, das Richtige vor aller Überlegung einfach als bereits getroffene Entscheidung anzuschwemmen verheißt, versiegt vor diesen Fragen. Der Lebensstrom verdünnt sich zum Rinnsal und verschwindet zwischen Felsbrocken im Steinbruch des Daseins. Nichts gehört zusammen, nichts fügt sich zu einem Muster.

N.s Erwartung, sein Geld mittels Optionsscheinen in kürzester Zeit zu vervielfachen, zerschlägt sich. Sein Erspartes hat er auf eine Karte gesetzt – das Kaufrecht an Aktien eines südafrikanischen Bergbauunternehmens. Am 31. März hätte er dieses Recht zu 22 Dollar ausüben können; die Aktie jedoch notiert bei 14 Dollar. Seine Optionsscheine verfallen wertlos.

Die Diagnostikerin

Was N. als eine jähe «Kehre» in seinem Leben beschreibt, ist zunächst nichts weiter als die Einsicht, dass es ein absolutes Ich nicht gibt und dass es keinen Wert hat, angsterfüllt auf Ich-Grenzen zu beharren. Individuum und Gesellschaft sind eben ein fiktiver Gegensatz. Es gibt kein Individuum ohne

Gesellschaft. Richtig gut bekommt N. das Grenzenaufgeben allerdings nicht: War Einkapselung seine bislang gepflegte, schließlich cool drapierte Maxime, ist es jetzt die Multiplikation der eigenen Persönlichkeit, um die Last der Persönlichkeit, die Last der Identität abzuwerfen. Den Zwang, mit sich selbst identisch sein zu müssen, legt N. ab nach langen, schließlich scheiternden Anstrengungen, sich selbst durch die Kontrolle seiner Mitmenschen und seiner Mitwelt festzulegen. Die Bereiche, die er sich dafür aussucht, sind aufschlussreich: Da ist zunächst die Multiplikation seiner selbst in verschiedene virtuelle Identitäten im Internet, womit er verschiedene Möglichkeitsformen seines Daseins zwar nicht materialisiert, aber doch konkretisiert. Auch da ist ihm noch zu viel Festlegung im Spiel, muss er doch seinen digitalen Zweit- und Drittcharakteren, sei es als junges Mädchen, sei es als alter Reicher, im gewählten Spielrahmen treu bleiben. Das Mädchen kann sich nicht in ein Kamel, der Reiche sich nicht in einen Tisch verwandeln, jedenfalls dann nicht, wenn das digitale Spiel nach bestimmten Regeln funktionieren soll.

Die digitale Entgrenzung bleibt folgenlos. Sie treibt N. immer in sein Wie-früher-Sein zurück. Daher beginnt er damit, seine irdische Existenz ökonomisch aufs Spiel zu setzen, indem er in den Handel mit Optionsscheinen einsteigt – also mit Börsenpapieren, die keinen Real-, sondern nur einen Möglichkeitswert haben: Wenn sich die Kurse nach oben entwickeln, dann ist beispielsweise das mit dem Optionsschein erworbene Recht, eine bestimmte Aktie zu einem bestimmten, niedrigeren Kurs zu kaufen, plötzlich wertvoll, wohingegen es sich als wertlos herausstellt, wenn der Kurs gleich niedrig bleibt oder sich nach unten bewegt. Mit dieser Art von Wertpapieren hat man gar keinen realen Wert in der Hand, denn man besitzt damit nichts von der Firma, auf die der Optionsschein läuft, ist auch nicht deren Gläubiger, kann nötigenfalls also keine Schulden eintreiben. Wer in Optionsscheine investiert, investiert in reine Möglichkeiten. N.s Bestreben ist es dabei, seine Realexistenz in einer Möglichkeitsexistenz aufzulösen, um so die Last der Identität abzuschütteln.

Man kann N.s Verhaltensänderungen in einen größeren Zusammenhang einordnen, nämlich in den Zusammenhang eines gesellschaftlichen Wandels, wie ihn der Soziologe Niklas Luhmann beschreibt: Alle Arten von Gesellschaften sind mit einer ungewissen Zukunft konfrontiert. Moderne Gesellschaften stellen jedoch durch die Anwendung von Technik von der Bedrohung durch äußere Gefahr auf Risiko um. Risiken handelt sich die Gesellschaft durch Entscheidungen ein, «die als rational gelten, weil sie notwendig sind, um Gelegenheiten zu nutzen oder um Schlimmeres zu verhüten» (Luhmann, Bd. 1, 533). Weil in vormodernen Gesellschaften Gefahr etwas ist, was nicht auf Entscheidungen zurückgeht, sondern die Menschen unerwartet überfällt, ist dort die soziale Solidarität ungleich stärker ausgeprägt. Solidarität wirkt als Netz zur Gefahrenbewältigung. Anders verhält es sich bei risikofreudigen modernen Gesellschaften, bei denen es zu Konflikten kommt «zwischen Entscheidern und Betroffenen, zwischen den zumeist in Organisationen errechneten Risikokalkulationen und den davon Ausgeschlossenen, die von etwaigen Folgen betroffen sind» (ebd., 533 f.). Für die Betroffenen erweist sich das Risiko der Entscheider als eine von außen kommende Gefahr, die sie selbst nicht kalkulieren können. Gefahr bedeutet also, dass die Möglichkeit künftiger nachteiliger Ereignisse von außen zufällig sei. Risiko hingegen bedeutet, dass künftige nachteilige Ereignisse auf eigene Entscheidungen zurückgehen. N. nun, darin ganz moderner Mensch, hat lange geglaubt, Gefahren in Risiken verwandeln zu können. Er hat, als er sich noch für ein souveränes Individuum hielt, Leben als Risikogestaltung verstanden. Aber die Gefahr der Zersetzung hat überall gelauert, so dass N. schließlich die Waffen strecken musste. An die Stelle des Wunsches zur Risikogestaltung ist eine Lust an der unkalkulierbaren Gefahr, damit die Ich-Preisgabe getreten. Genau in dieser regressiven Phase befindet N. sich jetzt: Er geht nicht mehr Risiken ein, sondern setzt sich Gefahren aus, als ob eine Ich-Zerschlagung der einzige Rettungsanker dessen sei, der sein Ich bislang so eifersüchtig gehütet hat. N.s Investition in Optionsscheine ist dafür charakteristisch: Er will sich in reiner Möglichkeit auflösen. Alles oder nichts ist die Botschaft der Optionsscheine – und: Nichts ist sicher.

Spekulation hat – auch wenn dies dem Durchschnittsbörsenmakler niemals in den Sinn kommt – ihren Ursprung und ihre Mitte nicht zufällig in der Philosophie. Philosophie bedenkt immer schon das äußerste Andersseinkönnen: Die Dinge brauchen nicht so zu sein, wie sie erscheinen, weswegen es sich lohnen kann, darauf zu setzen, dass sie morgen, in drei Wochen oder in drei Jahrhunderten ganz anders erscheinen werden. Der Wert der Dinge ist, so die philosophische Anfangserkenntnis, nicht einfach von alters her festgelegt, sondern kann sich jederzeit als anders erweisen. Die Grundidee sowohl der philosophischen als auch der ökonomischen Spekulation lautet, dass die Dinge nicht sind, was sie im Augenblick zu sein vorgeben. Will man typologisieren, so kann hinter der Spekulation ebenso eine idealistische Metaphysik wie eine skeptische Urteilsenthaltung stehen: entweder das Beharren darauf, dass man jenseits allen Anscheins das wahre Wesen, den wahren Wert der Dinge erkenne, oder aber der Verzicht auf alles Erkennenkönnen. Auf diesen Verzicht scheint sich N. mit seinen Ich-Zerschlagungsabsichten versteifen zu wollen: Wenn wir nie erkennen, was die Dinge wert sind, dann können wir spielen – z.B. auf die Mutmaßung setzen, wie die andern mutmaßen würden, wie die Dinge seien (so und so viel wert). Mit dem Erkenntnisverzicht bewegt man sich nicht mehr in der geschützten Werkstatt kalkulierbarer Risiken. Man gibt den Kontrollwillen preis. Jetzt lauert überall nur noch Gefahr. Die Allgegenwart der Gefahr – auch der Selbstauflösungsgefahr – stumpft die psychische und physische Gefahrenalarmbereitschaft ab: Da N. nichts mehr in der Hand haben will, wird er gegen alles gleichgültig.

Im Exzess, in der Orgie geht es N. nicht um Herrschaft, um Lustgewinn durch Tyrannei, sondern um Lustgewinn durch Selbstverlust. Bei der Ich-Zerschlagung in sexuellen Exzessen verhält es sich womöglich genau gleich wie bei der Ich-Zerschlagung in den Ekstasen der Nächstenliebe, die als heiligmäßig zu rühmen das christliche Alteuropa bekanntlich nicht müde geworden ist. Ohne die Vorurteile von Jahrtausenden stehen sich Gilles de Rais und Franz von Assisi, Marquis de Sade und Mutter Teresa bedenklich nahe.

Seneca hat nicht nur Traktate zur Seelenberuhigung verfasst und als Politiker seinen Dienstherrn, Kaiser Nero, in Schach zu halten versucht. Aus seiner Feder sind uns auch Tragödien überliefert, die in der Darstellung grauenvoller menschlicher Exzesse alles in den Schatten stellen, was uns sonst aus dem antiken Theater bekannt ist. Es sind keine seelisch beruhigten, selbstsicheren Charaktere, die in Senecas Tragödien auftreten und dem Publikum als Beispiele vernünftig geordneter Lebensführung dienen könnten. Vielmehr handelt es sich um Affektgetriebene, um Enthemmte, um Rasende, die ihre Welt wie ein Wirbelsturm verheeren und sich selbst vernichten. Sie verkörpern genau das Gegenbild zum stoischen Weisen, als ob Seneca die negative Kontrastfolie seines eigentlichen Ideals auf die Bühne gebracht hätte, um seinem verschreckten Publikum vorzuführen, was geschieht, wenn es sich nicht an die stoischen Lebensleitungspläne hält. Allerdings ist klar, dass Senecas Publikum starker Aufputschmittel bedurfte – es war Gladiatoren- und Tierkämpfe im Amphitheater, damit einen hohen Blutzoll gewöhnt. Die Aufmerksamkeit des Publikums war nur zu gewinnen durch dramaturgische Extremismen. Die Stücke geben Anschauungsbeispiele äußerster Enthemmung, äußersten Kontrollverlusts.

Der Umweg über Theater und Amphitheater führt auf N.s Weg zurück: Was er erprobt, ist die Überschreitung, die Kontrollpreisgabe, die Enthemmung, um auszuloten, wie weit man den Selbstverlust treiben kann. Wo fängt ein Ich an, spürbar zu werden? Wo ist der irreduzible Selbst-Rest? Die Grenzen der Enthemmung sind ihm schnell transparent. Sehr weit kann er selbst in seinen sexuellen Exzessen nicht gehen.

Während meiner heimlichen diagnostisch-philosophischen Begleitung hat N. zunächst nach nichts anderem gesucht als nach seinem Eigenen. Überall hat er danach Ausschau gehalten und ist doch nicht fündig geworden. Jetzt hingegen, einer Logik der Umkehrung folgend, stürzt er sich ins vorgeblich Andere, liebäugelt mit Ich-Liquidation, nicht ohne noch immer darauf zu schielen, im Anderen sich selbst zu entdecken. Aber man sollte einmal in Erwägung ziehen, ob wir da nicht einer Sprachverhexung unterliegen, ob es nicht nur unsere Sprache ist, die uns die Unterscheidung von Eigenem und Anderem angeraten sein lässt. Nichts garantiert, dass es wirklich ein Eigenes und ein Anderes, ein Innen und ein Außen gibt. Jede Erfahrung, die wir machen, ist immer schon «innen», sonst wäre sie gar keine Erfahrung. Womöglich hastet N. also nur, weil er mit den falschen Begriffen operiert, dem Eigenen und jetzt dem Anderen nach, ohne zu merken, dass es in seiner Welt beides womöglich nicht gibt, sondern eben nur seine Welt. Vielleicht ist N.s Verirrung nur eine sprachliche Verwirrung.

An der Sprache selbst lässt sich die Ununterscheidbarkeit von Eigenem und Anderem demonstrieren: N. benutzt Sprache, wie wir alle sie benutzen, aber kann sie sich doch nicht zu Eigen machen. Er braucht die Wörter, die alle benutzen; seine Eigenleistung besteht scheinbar nur darin, die Wörter in eine für ihn typische Reihenfolge zu bringen, gebunden an die Regeln vorgegebener Syntax und Grammatik. Entsprechend unbehaglich wird sich N. in der Sprache fühlen, denn seine eigene kann sie nicht wirklich werden. Man richtet sich zwar in der Welt sprachlich ein, führt mittels Sprache Unterscheidungen durch (etwa die von Eigenem und Fremdem). Aber mit dieser Sprach-Möblierung der Welt erstellt man von ihr keine definitive Karte. Ebenso wenig erschafft man die Welt durch das Wort – zumal nicht durch menschliche Worte, die meistens nur geliehen sind. Es gibt womöglich nur ein grammatisches, aber kein wirkliches Ich, das hier Herr ist, Risikokontrolle und Gefahreneindämmung übt. Damit ist das Herr-Werden eine sehr relative und provisorische Sache.

Diese Einsicht raubt alten und neuen Stoikern die Illusion, mit einer bloßen Scheidung der Worte, mit einer philosophischen Grammatik die Welt in eine begrifflich sichere Ordnung zu packen. Wenn man Sprache als Ordnungsmacht zur Disposition stellt, sollte man auch nicht Halt machen vor dem Fetisch des Bewusstseins, aus dem Philosophen die Vernunft hervorzuzaubern pflegten. Denn was ist Bewusstsein? Mit der Unterscheidung des Bewusstseins von dem, was unter ihm liegt, kommt man nicht wirklich weiter, auch wenn N. den Anschein erwecken will, er käme durch Ausschaltung bewusster Ich-Steuerungen zu urgründigen Kraftquellen, die wie dressierte Hunde auf den Namen «das Unbewusste» hören. Bewusstsein ist immer ein bestimmtes Bewusstsein – ein Raum, in dem etwas bewusst gehalten wird, um den Preis, dass das Allermeiste in diesem Augenblick unter die Schwelle des Bewusstseins gedrückt wird. Dieser Raum ist naturgemäß ständiger Veränderung ausgesetzt, da sich immer wieder etwas Neues in den Vordergrund drängt und bislang Bewusstes unter die Bewusstseinsschwelle fällt. Unter diesen Umständen könnte man unter Selbstbewusstsein etwa jenes gleich wieder verfliegende Sich-bewusst-machen verstehen, dass ich ein Ich sei – vergessen, sobald mich etwas anderes in Beschlag nimmt. Was will N. denn da im Rausch vergessen, wenn er sich seine Ich-Zerschlagung ausmalt, die doch immer schon stattfindet, wenn etwas Nicht-Ich-artiges seine Aufmerksamkeit fesselt? Ich finde die Konvention, dass stets ein «Ich denke» alle sogenannten Bewusstseinsvorgänge begleiten müsse, nicht sonderlich plausibel. N. bräuchte das Ich nicht derart zum Problem zu werden, wo es ihm doch jeden Augenblick von Neuem entschwindet.

Meine Diagnose für N.s momentanes Befinden lautet in Stichworten: Radikale Veräußerlichung, keine Nahweltbindung, keine Dingweltbindung, keine Selbstbindung mehr, daher großes Durcheinander, zuviel Disparates. Kein Nenner im Leben. Ein solcher Nenner kann sich ohne Vertrauen in ein Rest-Ich kaum einstellen.

Der Therapeut

Mir scheint, Herr N. entgleitet der Diagnostikerin ein wenig, weswegen sie sich allerlei Theorieversatzstücke aus den Fingern saugt, um ja niemanden ihre Ratlosigkeit merken zu lassen. Denn offensichtlich hat Herr N. begriffen, was der verehrten Kollegin zu begreifen schwerfällt, nämlich dass Selbstkonstitution eine permanente Aufgabe ist, weil kein Ich, kein Selbst als gegeben vorausgesetzt werden kann. Das Ich ist nicht irgendein Ding, nichts Festgelegtes und Festsetzbares, kein Gegenstand unter Gegenständen, sondern eine letzte, weltsetzende Aktivität. Es kann nicht ganz abhanden kommen, solange jemand noch unter den Lebenden weilt. Herr N. vergisst sich nie wirklich, selbst da nicht, wo er alles abschütteln will.

Die Fähigkeit zur Enthemmung, die die Diagnostikerin anhand von Senecas Tragödien erörtert, wäre in einem modernen Stoizismus durchaus als Tugend anzusehen. Es ist die Tugend, die Selbstkontrolle aus- und wieder einhängen zu können. Allerdings fragt sich, ob ein menschliches Wesen zu solch gottgleicher Souveränität befähigt ist. Herrn N.s offenkundige Frustration ist jedenfalls kein Beweis dafür, dass diese Souveränität menschenmöglich ist. Das Glückspotential der Grenzüberschreitungen hält sich in engen Grenzen: Herr N. zieht keinen Zugewinn an innerem Reichtum oder an Gelassenheit aus den Schau-Exzessen. Eher sehnt er sich nach Coolness oder nach Selbstkontrolle, obwohl er nicht weiß, wer oder was da wen oder was kontrolliert. Wer wie die diagnostische Kollegin den Stoizismus alter Schule predigt, muss sich jedenfalls vorsehen: Stoizismus sollte sich nicht in pathologischem, notdürftig intellektuell aufgemotztem Kontrollzwang erschöpfen, für den Psychiater eher zuständig sind als Philosophen.

Moderne Stoiker sind keine Kontrollfetichisten. Sie können loslassen, sich gehen lassen – phasenweise. Sie können sich gehen lassen im Dienst des Versuchs, eine Einheit der Person herzustellen, wo – im Unterschied zum Aberglauben ihrer antiken Kollegen – keine Einheit von Natur da ist. Die Einheit der Person ist keine Kopie der Naturordnung, sondern eine Selbsterhaltungsmaßnahme angesichts der allgemeinen Unordnung. Das hat übrigens schon Justus Lipsius begriffen, der sein Ideal der Beständigkeit gegen das überall hervorbrechende, für die irdische Welt typische Chaos ausrief. Einige hundert Jahre hat es gedauert, bis sich der europäische Mensch schmerzlich bewusst geworden ist, dass es für unser Leben weder eine kosmische Letzabsicherung noch eine tragende Resttheologie gibt. Auch die sogenannte Vernunft ist nicht unbeschränkt Herrin im «Selbst» genannten Haus. «Wo Es war, soll Ich werden», lautete noch die stoisch-optimistische Losung bei Sigmund Freud. Kennen wir heute auch nur den Grundriss jenes Hauses, in dem ein unzimperlicher Frühjahrsputz Ordnung schaffen soll?

Doch es ist gar nicht nötig, irgendeinen Grundriss des «Selbst» genannten Hauses zu kennen, denn dieses Haus ist in ständigem Um- und Ausbau begriffen. Ich habe keine vermessbare Identität, sondern stelle mich durch Interaktion mit meiner Mitwelt immer wieder neu her. Ich verwirkliche nicht einfach einen vorgegebenen Bauplan oder einen genetischen Code. Ein solcher Code bestimmt zwar die Rahmenbedingungen dessen, was ich sein kann – beispielsweise kein Kartoffelkäfer und kein Schabrackentapir –, ist aber nur eine notwendige und keine hinreichende Voraussetzung meines Ichs. Ebenso bin ich bestimmt durch die konkreten Umstände meines Daseins, mein «Milieu», mein geographisches, soziales und historisches Umfeld. Aber auch hier bin ich nicht einfach das Produkt meiner Umstände, sondern eine aktive Gestaltungskraft – kann meine Umstände mitbestimmen, sie verändern, wenigstens in Maßen. Indem ich meine Umstände mitbestimme, in Interaktion mit meiner Mitwelt, nähere ich mich dem, was ich allenfalls sein möchte. Ich werde ich durch Unterscheidung, durch Abscheiden dessen, was ich nicht sein will. Ich werde ich durch Distinktion. Und ich gehe doch immer auch auf Distanz zu meinem gerade gegebenen Ich. Herr N. treibt diese Ich-Distanzierung auf die Spitze. Als Handelnder bin ich mir selbst immer auch fremd, denn das meiste, was ich bin, habe ich weder selbst gewählt noch selbst gemacht.

Man sieht jetzt klarer, weshalb ich Sterblichkeit weder für eine Bürde noch für eine Qual halte. Ich bin das, was ich bin, durch meine konkreten Umstände und durch meine Interaktion mit diesen Umständen. Das Sein in diesen Konkretionen bis in alle Ewigkeit fortzusetzen, wäre unerträglich. Ebenso unerträglich wäre es, dieser Konkretionen entkleidet zu werden und trotzdem weiter existieren zu müssen. Dann nämlich wäre ich nicht mehr ich. Unsterblichkeit ist in beiden Fällen inakzeptabel. «Der freie Mensch denkt über nichts weniger als über den Tod; und seine Weisheit ist nicht ein Nachdenken über den Tod, sondern über das Leben.» (Spinoza IV, prop. 67).

Man kann es auch anders sagen: Nur Sterblichkeit gibt mir Freiheit, denn Freiheit ist immer eine konkrete, eine bedingte. Freiheit gibt es nicht im luftleeren Raum, sondern nur in einem gegebenen Rahmen, in einem Spielfeld. Eine andere Freiheit ist nur ein Gedankenspiel.

Noch einmal anders gewendet: Identität entsteht durch Ausschluss – dadurch, dass man etwas von sich ausschließt – und durch Einschluss, dessen, was man gerne als das Eigene hätte. Nicht alles kann eingeschlossen werden, nicht alles kann ausgeschlossen werden. Nur die Sterblichkeit nötigt mich zu dieser Art der Identitätsstiftung. Ich wäre nicht, wäre nicht ich, wenn ich unsterblich wäre. Ich müsste nichts ausschließen, nichts einschließen, weil mich die Ewigkeit zu keiner Entscheidung zwingt, ja jede Entscheidung verbietet, wäre ich dann doch auf ewig festgelegt – zumindest auf ein ganz bestimmtes Spielfeld festgelegt. Und solche Festlegung auf ewig kann ich nicht wollen – damit auch die Ewigkeit nicht. Es geht bei meinen Entscheidungen, beim Ein- und Ausschließen, auch nicht um ein abstraktes Gutes, sondern um das mir, meinen biologisch-historischen Gegebenheiten Angemessene.

So liegt Seneca mit der Sentenz aus einer seiner Tragödien, von denen die Diagnostikerin vorhin sprach, ganz richtig: *post mortem nihil est ipsaque mors nihil*, «nach dem Tod ist nichts, und der Tod selbst ist nichts» (*Troades*, 2. Akt, Vers 397, *Tragödien*, Bd. 1, 156). Die entscheidende selbsttherapeutische Einsicht lautet, dass Leben wie Freiheit nur in Beschränkung sein kann, in vielfältiger Beschränkung: in zeitlicher Beschränkung, in räumlicher Beschränkung und in Beschränkung der eigenen Möglichkeiten, meines Vermögens. Insofern ich lebe, bin ich beschränkt. Ich bin, insofern ich beschränkt bin – und ich bin *ich*, insofern ich beschränkt bin: Weder bin ich Tisch noch bin ich Fritz, noch Berg, noch Schabrackentapir. Das altabendländische Leiden an der Beschränkung ist infantil: Ich möchte alles, die ganze Welt, die Unendlichkeit Gottes sein. Möchte ich das wirklich? Bei Lichte besehen doch wohl eher nicht, insofern ich nur ich bin, wenn ich beschränkt bin. Warum sollte es dann wünschenswert sein, ausgerechnet meine zeitliche Beschränkung, meine Sterblichkeit aufzuheben? Doch wohl auch dies eher nicht, denn die Unsterblichkeit als Individuum wäre sehr teuer erkauft: Wie sollte ich es aushalten, unsterblich zu sein, wenn ich in der Beschränkung meiner Individualität eingeschlossen bleibe? Ich würde an mir selbst verzweifeln, spätestens, wenn ein paar Jahrtausende um sind – selbst dann, wenn ich die Möglichkeitsfülle eines Engels eingeräumt bekommen hätte. Ich würde es nicht aushalten, unsterblich zu sein, wenn ich sonst ein beschränktes Wesen bliebe und nicht Alles, nicht die Welt, nicht Gott wäre. Entsprechend unsinnig ist der Wunsch, unsterblich zu sein.

Den Wert dieser entscheidenden selbsttherapeutischen Einsicht führt Herrn N.s Tun exemplarisch vor. Er experimentiert mit Entgrenzung in fast jeder möglichen Richtung. Er will möglichst alles, er will die Welt als ganze sein. Eine gelingende Aufhebung aller Grenzen wäre aber zugleich Existenzpreisgabe. Kann Herr N. dies wollen? Das würde die Aufhebung seiner Identität bedeuten, die ihm eine Last ist, weil er sie zu weiten Teilen nicht selbst verantwortet, nicht selbst geschaffen hat. Herr N. erprobt die Entgrenzung nicht, indem er seine zeitliche Beschränkung in Richtung Unsterblichkeit ausweitet, sondern indem er seine Vermögensbeschränkung mit neuen Möglichkeiten erweitert. Aber nichts ist offensichtlicher als die Tatsache, dass sich hier gleich wieder neue Grenzen auftun und Herr N. in neue Sackgassen gerät. Das wiederum erhellt, dass menschlichen Wesen definitive Entgrenzungen unangemessen sein dürften. Es macht keinen Sinn, derlei definitive Entgrenzungen zu wollen – weder im Hinblick auf unser Vermögen noch im Hinblick auf unsere zeitliche Ausdehnung.

Seltsamerweise ist hier die europäische Mentalität viel weiter fortgeschritten als die Erkenntnis der sogenannten intellektuellen Eliten: Denn ein Großteil der Mitteleuropäer hat den Unsterblichkeitsaspirationen sang-, klang- und klaglos Lebewohl gesagt. Nicht ganz klanglos Ilse Aichinger: «Gute Literatur ist mit dem Tod identisch. Das ist für mich ein erstrebtes Ziel, weil gute Literatur mit einer gewissen Art von Adel identisch ist.

Und dieser Adel besteht in dem Willen zur Nicht-Existenz.» (Kospach, 16) Nur einige Philosophen, Theologen und andere Irrlichter tun noch so, als wären die Unsterblichkeit, ihre Erlangung oder ihr Ausbleiben, ein Problem. Dem ist nicht so. Man hat der Menschheit ein paar Jahrtausende lang ein Bedürfnis nach Unsterblichkeit anerzogen, das sie nun wieder abzustreifen im Begriff ist. Hoffen wir, dass die Philosophen und Theologen sich selbst gelegentlich wieder auf den Entwicklungsstand der Gattung bringen.

Man wird einwenden, jedes menschliche Wesen empfinde natürlicherweise Todesangst. Schauen wir genauer hin. Richtig ist, dass Lebewesen unter normalen Bedingungen Beeinträchtigungen entgehen wollen. Daraus bastelt man dann den folgenden Syllogismus:

1. Jedes Lebewesen fürchtet Beeinträchtigung.
2. Der Tod ist die finale Form der Beeinträchtigung.

Schlussfolgerung: Also fürchtet jedes Lebewesen den Tod.

Schon die erste Prämisse stimmt nicht. Lebewesen fürchten Beeinträchtigung nicht, sie vermeiden sie. Und auch die zweite Prämisse ist falsch: Der Tod ist keine Beeinträchtigung des Lebens, sondern ist das Nicht-mehr-Leben. Er steht in keinem Verhältnis zum Leben, es gibt ihn für das Leben nicht. Für das Leben gibt es nur das Sterben. Sterben wiederum ist gewiss eine Beeinträchtigung des Lebens, die wir – wie jede andere Beeinträchtigung – als Lebewesen normalerweise vermeiden. Aber es gibt durchaus Gründe, die Vermeidung nicht zu forcieren – z.B. ist langes Leiden häufig eine Beeinträchtigung, der das Sterben vorgezogen wird.

Die Rede von einer natürlichen Todesangst ist nichts weiter als das Flackern einer verlöschenden metaphysischen Flamme. Diese Flamme zu löschen hatte sich bereits der große römische Epikuräer Lukrez (ca. 97–55 v. Chr.) redlich abgemüht und sich dafür postum die Feindschaft aller Frommen eingehandelt: Aus

Todesfurcht wächst nach Lukrez Lebenshass; Religion schwärzt das Leben, indem sie mit einem Leben nach dem Tod droht. Lukrez' Lösung ist verblüffend einfach: Der Tod geht uns nichts an, weil unsere Seele sterblich ist (Lukrez III, 830f.).

Aber manche Unsterblichkeitsapostel werden mich am metaphysischen Schopfe packen wollen. Denn begebe ich mich nicht in einen Selbstwiderspruch, wenn ich einerseits sage, die altabendländische Höherbewertung des Seins vor dem Nichts sei hinfällig, unsinnig, unbeweisbar, aber andererseits behaupte, die Sterblichkeit mache das Leben erst wertvoll (oder könne es zumindest machen), indem sie uns eine Frist setze und uns abverlange, diese Frist mit Bedacht zu nutzen? Privilegiere ich nicht selbst insgeheim das Sein vor dem Nichts, indem ich dem Leben einen Wert zuspreche? Nicht wirklich, denn zum einen lehne ich die metaphysische Wertung ab, die dem Sein vor dem Nichts den Vorrang einräumt, denn ich weiß gar nicht, was das Nichts sein soll, dem ich irgendeinen Wert zu- oder abzusprechen hätte. Zum anderen geht es um einen Wert, den ich selbst setze, und zwar nicht gegen den ominösen Tod, sondern in diesem Leben für dieses Leben, das für sich keinen Wert hat, der sich mit dem Nicht-Leben oder dem Nicht-Sein aufrechnen ließe. Solange ich lebe, ist es sinnvoll, sich etwas aus dem Leben zu machen.

Es komme mir jetzt keiner, der den sozialen Schaden des Todes beklagt, um mich so vom Nutzen der Unsterblichkeit zu überzeugen: Welche Greuel richtet nicht der garstige Schnitter an, der die Menschen aus ihren Familien und Geschäften reist, untröstliche Witwen und Waisen, jammernde Arbeitskollegen und Geschäftspartner, überforderte Leichenbestatter und Nachlassverwalter hinterlässt, so unentwegt das mühsam erlangte Gleichgewicht menschlichen Miteinanders vernichtet! Ich mache die Gegenprobe: Was wäre, wenn niemand mehr stürbe? Wem es schwerfällt, sich dies auszumalen, begebe sich doch bei Gelegenheit mit Lemuel Gulliver auf eine Reise zu den *Struld-*

brugs. Die Widerwärtigkeit ihres unsterblichen Daseins lässt den zunächst vom Glück ewigen Lebens ganz begeisterten Seefahrer schließlich zu der Schlussfolgerung kommen: «Der Leser wird leicht glauben, dass angesichts dessen, was ich gehört und gesehen hatte, mein eifriger Appetit nach einem ewigen Leben stark nachgelassen hat.» (Swift III 10, S. 183). Würde nicht mehr gestorben, wäre alles menschliche Leben sinnlos. Leben ist nur möglich, wenn anderes zu leben aufhört.

Es lohnt sich nicht

Ein säuerlicher Nachgeschmack bleibt zurück von der Einübung in Orgiasmus. N. empfindet diese Einübung als anstrengend, als eine Durchhalteübung, die ihm das Leben auferlegt – als eine Durchhalteübung, der sich sein Restselbst klaglos zu fügen hat. Freude zieht er daraus nicht. Widerwärtig ist das pelzige Gefühl auf der Zunge, als ob ein Stofftier in der Mundhöhle hauste. Und das Brennen an den Genitalien.

N. wird nachlässiger in der Erfüllung seiner Lebensstrompflichten. Er reduziert die Frequenz der Ausschweifung, wird erfinderisch im Ausdenken von Ausreden, wenn sich Partybekanntschaften nach seinem Verbleib erkundigen. In der Szene wird er geschätzt – für die Unbedingtheit seiner Selbstaufgabe, sagt er sich. Vielleicht hat es mehr mit der ökonomischen Seite dieser Selbstaufgabe zu tun. Ein Blick auf den Kontoauszug würde ihn belehren, dass es einer ausgenommenen Weihnachtsgans besser ergeht.

Was N. für die völlige Hingabe an den Lebensstrom, für die völlige Auslöschung seines Restselbst gehalten hatte, entpuppt sich als bleierne Mechanik des Orgiasmus. Die grelle Kolorierung der ekstatischen Momente trübt sich ein und nimmt das Grau des Einerlei an. Auch die Rationierung der euphorischen Schübe, die sich N. auferlegt, indem er nur noch alle 14 Tage einschlägige Veranstaltungen besucht, hellt das Grau höchstens kurzfristig auf. Die Wirkung chemischer Stimulantien hält nicht lange an; Kokain verträgt N. nicht.

Es lohnt sich nicht. Dieser Satz schleicht sich hartnäckig in N.s Konversation ein, zu der er gelegentlich gezwungen ist. In den Selbstgesprächen, die er halblaut zu führen beginnt, unterbindet dieser Satz allmählich jede Gedanken- und Gefühlsbewegung. Es lohnt sich nicht einmal mehr, darüber nachzusinnen, ob er besser auf dem linken oder auf dem rechten Gehsteig zum Büro eilen solle.

Das Grau gewinnt eine eigene Gefühlsqualität. N. braucht lange, bis er dafür einen Namen findet. Ihn zu finden, lohnt sich nicht. Der Name fällt ihm nicht während vergeblicher Denkbemühungen ein, sondern während er im Zuge hydraulischer Bewegungen dem Orgasmus entgegentaumelt: Ekel, Ekel, Ekel.

N. erstarrt mitten im Akt, sehr zum Verdruss seiner Gespielin. Sein Leben ist es nicht wert, gelebt zu werden. Leben überhaupt ist es nicht wert, gelebt zu werden.

Die Prognose, die der Onkologe stellt, den N. in der folgenden Woche aufsucht, kommt dieser Einsicht entgegen. Der in N.s linker Gehirnhälfte festgestellte Tumor ist bösartig und inoperabel. Das Sirren übertönt jetzt auch N.s Denkversuche.

N. stirbt am Morgen des 14. Juli, gegen 11 Uhr, nach sechzehneinhalbstündiger Agonie. Die zur Schmerzlinderung verabreichten Morphiumpräparate haben nicht angeschlagen.

Die Diagnostikerin

Angesichts von N.s Tod wird mir die Peinlichkeit meiner philosophisch-diagnostischen, ja überhaupt aller philosophisch-diagnostischen Bemühungen schlagartig bewusst. Was soll ich noch sagen angesichts dieses sinnlosen Sterbens, das mit einem sinnlosen Leben verquickt gewesen ist? N. hätte aus meinen wohlmeinenden Ratschlägen, wären sie ihm zugetragen worden, keinen Gewinn, keinen existenziellen Mehrwert ziehen können, selbst wenn er am Leben geblieben wäre.

Sollte ich nicht doch aus einem zutiefst menschlichen Gerechtigkeitsempfinden heraus annehmen, dass es ein Leben nach dem irdischen Tod geben müsse – ein jenseitiges oder neues irdisches Leben, in dem derjenige, der mit seinem Leben gescheitert ist, die Chance zur Erfüllung, zum Glück ein zweites Mal bekommt? Die Möglichkeiten, das Entwicklungspotential, die Glücksverwirklichungsaussichten sind unter Menschen höchst unterschiedlich verteilt. Vielen bleibt durch äußere oder innere, jedenfalls zufällige Umstände verwehrt, diejenigen zu werden, die sie eigentlich sein wollen. Unser Gerechtigkeitsempfinden verlangt für die Benachteiligten und Übervorteilten eine zweite Chance, sei es in einer anderen, sei es erneut in dieser Welt. Es müsste also, um die Tragik des Alltags zu lindern, so etwas wie Unsterblichkeit oder Seelenwanderung geben.

Aber ich gebe zu: Aus der Wünschbarkeit ist keine Wirklichkeit, aus dem Sollen kein Sein abzuleiten. Ich fürchte, mit meinem Stoizismus an N.s Nöten grandios vorbeigeschrammt zu sein. Was ist Philosophie denn noch wert, wenn das Leben nicht wert ist, gelebt zu werden? N.s langsame Selbstauslöschung, sein Suizid auf Raten, zu dem er sich des Krebses als Mittel bedient hat, negiert doch die Möglichkeit von Sinn überhaupt – einschließlich der Möglichkeit, mittels Philosophie Sinn her- oder herauszustellen.

Was bleibt, ist nicht ein Versprechen überirdischer Gerechtigkeit und die Aussicht auf einen jenseitigen Lastenausgleich. Ist gerichtet, ist gerettet, gilt in N.s Fall nicht. Was bleibt, ist ein Überwiegen des Negativen im Dasein. Es gibt ein kollosales Überwiegen der Sinnlosigkeit, nein, der Sinnwidrigkeit. Keine Dialektik der Welt hebt dieses Negative auf eine höhere Ebene. Es bringt kein höherwertiges Positives hervor. Philosophie kann da nichts ausrichten, das Negative weder schönfärben noch schönreden. Philosophieren bringt die Dinge nicht ins Lot. Ich zögere, an das Sich-Abfinden zu erinnern, das meine Stoiker wie eine Monstranz vor sich hertragen – Wunder was sie da für einen Schatz haben. Mit manchem will ich mich nicht abfinden. Sonst wäre beispielsweise Vieles und viel Gedankenvolles zu sagen über Senecas schönen Ausspruch: *nullum maius solacium est mortis quam ipsa mortalitas*, «es gibt keinen größeren Trost für den Tod als die Sterblichkeit selbst» (*Quaestiones naturales* VI 2, 6, Bd. 2, 253).

Philosophie kann nicht mehr als zeigen, wie die Dinge sind. Am besten tritt sie erst nach Einbruch der Nacht auf. Dann sieht man ihre Hässlichkeit nicht. Sie braucht nicht in den Spiegel zu schauen.

Der Therapeut

Keine Lösung, kein Happy End, keine Versöhnung, überhaupt nichts Erbauliches gibt es von Herrn N.s Sterben zu vermelden. Geschweige denn einen Erfolg der philosophischen Diagnostik. Der Selbstentblößungsroman endet desaströs. Herrn N.s Sterben passt nicht in die Choreographie der philosophischen Diagnostikerin, die ihn zum Stoiker bekehren wollte. Dieses Sterben fügt sich nicht ins kosmologische Restvertrauen, das sich die Kollegin von ihren geistigen Ahnen trotz aller Stürme bewahrt hat.

Herr N. entspricht nicht der Erwartung, dass er am Ende wie Anicius Manlius Torquatus Severinus Boethius (ca. 480–526 n. Chr.) der Frau Philosophie Einlass in seinen Kerker gewähren und sich auf dem Totenbett zur stoischen Einsicht in die Gleichgültigkeit aller irdischen Eitelkeiten bekehren werde. Davon kann keine Rede sein. Wir haben hier das Scheitern von Philosophie in der Praxis vor uns. Das ist symptomatisch, nicht für Herrn N.s Fall. Es lohnt sich nicht, sagte Herr N. Lohnt sich Philosophie?

Ich überlasse die Diagnose den Sterbenden und den Gestorbenen. Die Therapie müsste für die Lebenden da sein – gerade dann, wenn sich diese Therapie als Lob der Sterblichkeit ausgibt, als eine philosophische Gebrauchsanweisung für das eigene Sterben. Ein Lob der Sterblichkeit müsste jedenfalls mehr sein als eine rhetorische Positivierung der Negativität. *Persona deposita*, mit abgelegter Maske sollte geredet werden, denn für Ausschweifenderes fehlt mir angesichts meiner eigenen Befristung die Zeit.

Was die Sterblichkeit erzwingt, ist die Bestimmung des Eigenen. Ich muss, da ich sterblich bin, entscheiden, wer ich bin. Dieses Entscheiden ist jedoch kein definitives Festschreiben, kein Zementieren der eigenen Identität für die ganze Spanne meines Lebens. Ein solches Festschreiben ein für alle Mal wäre meinem Endlichsein nicht angemessen. Die Sterblichkeit verbietet uns letzte Festlegungen im Leben. Die einzige letzte Festlegung ist das Totsein. Zugleich zwingt mich die Sterblichkeit zu immer wieder vorläufigen Bestimmungen meiner selbst. Denn für alles, für die Fülle der Möglichkeiten, fehlt mir schlicht die Zeit. Ich muss mich bestimmen, sonst werde ich bestimmt. Aber die Bestimmung ist, solange ich lebe, nur approximativ, in ständiger Revision. Moderner Stoizismus meint, sich dem permanenten Selbstbestimmungsgeschäft mit Eifer und mit Heiterkeit zu unterziehen.

Dieser moderne Stoizismus hat keine letzte Vermittlung, keine letzte Aufhebung des Divergenten, des Sinnwidrigen, im Angebot. Da hilft alle Übung nichts. Ich werde nie ganz mit mir eins. Das läge auch jenseits des Wünschbaren. Philosophieren kann die Negativitätserfahrung nicht positivieren. Bestenfalls kann es plausibel machen, dass die Negativität nicht in jedem Fall überwiegt.

Moderner Stoizismus wird zu Gewichtsverteilungen raten, um unsere Anfechtbarkeit besser auszugleichen. Er wird zur Ausbildung einer multizentrischen Persönlichkeit raten. Nur so kann sich das instabile Ich einige Absicherung verschaffen. Es bildet sich eine Haltung heraus, die anerkennt, dass alles, so lange ich es habe, so lange ich lebe, nicht schlicht negativ ist.

Will man auf Herrn N. eine Grabrede halten, wird man sagen, er sei ein Meister der De-Semantisierung gewesen. Er hat alles in seine Bestandteile aufgelöst und im Laufe seines Lebens festgestellt, dass nichts für sich Bedeutung hat, sondern alles nur die Bedeutung hat, die man ihm gibt. Vielleicht wird der Grabredner zu bedenken geben, Herr N. habe die Sachen und schließlich sich selbst zu Tode seziert. Und der Grabredner wird herausstellen, wie wichtig die De-Semantisierung sei – wie wichtig, die sogenannte Wirklichkeit ihrer vorgeblichen und vorgegebenen Bedeutungen zu entkleiden, um ein gelassenes Leben zu führen. Man müsse von diesen Bedeutungen absehen können, sie in ihre Komponenten zerlegen und dadurch unwirksam machen. Herr N. habe beispielsweise gemerkt, dass Reichtum oder Gesundheit an sich keine Bedeutung haben. Der Glaube an eine solche Bedeutung mache unglücklich. Der Grabredner wird sagen, in Herrn N.s Augen habe alles seine Bedeutung verloren. Aber Herr N. habe es versäumt, sich und den Dingen neue Bedeutung zu verleihen. So sei er in die Katarakte des Nihilismus geraten.

Sie sagen, dass Ihnen der Tod nicht mehr als etwas Bedrohliches erscheint, denn Sie haben aufgehört, sich im Stil der neuzeitlichen Subjektphilosophie als völlig abgeschlossenes Individuum, als etwas ganz Distinktes zu begreifen, mit dessen Tod irgendetwas Unersetzliches verloren geht. Sie sagen, dass Sie sich «konfigurativ» verstehen, als Bestandteil einer Welt. Und deshalb halten Sie sich nicht für unersetzlich, betreiben keine Selbsterhaltung um jeden Preis. Sie haben Ihre Sinnansprüche zurückgeschraubt und erkannt, dass Sie Freiheit gewinnen, wenn Sie absolute Sinnansprüche absolut abweisen. Sie halten Glück allein in der Beschränkung, in der Selbstbeschränkung, in der Sinnbeschränkung für möglich. Sie sagen, Sie hätten jedes Interesse an Ihrer eigenen Unsterblichkeit verloren. Sie wollen sich nicht ewig vervollkommnen, so dass Sie das Nach-Leben nichts angeht. Sie sagen, Ihnen sei da eine stoische Einsicht gekommen, denn als moderne Stoikerin fühlten Sie sich – im Unterschied zur individualistischen Epikuräerin – immer auf eine Gemeinschaft verwiesen und wüssten daher, dass der Mensch immer ein Wesen in Konfigurationen sei. Als konfiguratives Wesen hätten Sie kein Unsterblichkeitsinteresse.

Vorzüglich, erwidere ich Ihnen. Sie sind im Geschäft des Selbsttherapierens weit fortgeschritten. Und Sie geben nichts mehr auf die Phrasen, der Tod sei die äußerste Sinnlosigkeit, sei das, was das Leben negiert. Sie haben gesehen, dass der Tod gar nichts tut, denn er ist nur ein Gespenst, eine Erfindung von Priestern, Philosophen und Geschäftemachern. Es gibt, sagen Sie, nur das Leben, dessen Eigentümlichkeit es ist, endlich zu sein. Sinnlos sei nicht der Tod. Sinnlos ist Ihnen nur das Leben, dem Sie keinen Sinn geben. Das Endlichsein des Lebens stellt für Sie in Frage, ob Sie mit dem Leben etwas Sinnvolles anstellen. Weshalb, fragen Sie, sollte Sinn für endliche Wesen etwas Unendliches, etwas Ewiges sein?

Sie stellen fest, dass Sie so etwas wie Todesangst nicht verspüren. Sondern nur gelegentlich die Angst, angesichts des möglichen oder drohenden Endes mit dem Leben nicht das Optimale gemacht zu haben. Todesangst halten Sie für nichts Naturgegebenes, sondern für ein Kulturprodukt. Sterblichkeit ist für Sie ebenso wenig wie der Tod ein Problem. Das Problem ist für Sie allenfalls das Leben. Sie meinen, nur Sterblichkeit gebe Ihnen Freiheit, gebe Ihnen Spielraum.

Sie rufen mir ein Argument der Unsterblichkeitsphilosophen in Erinnerung. Es ist das Argument, wonach wir als menschliche Wesen ein unbeschränktes Vervollkommnungspotential hätten, das wir in einem beschränkten Leben nicht verwirklichen könnten, weshalb unsere Unsterblichkeit ein moralisches Postulat sei. Sie sagen mir, dass Sie an die Unbeschränktheit des Vervollkommnungspotentials bei an sich beschränkten Lebewesen nicht glauben wollten. Sie seien jedoch geneigt, das Argument umzukehren: Erst die Endlichkeit, die Sterblichkeit verlange einem Menschen Vervollkommnungsanstrengungen ab. Weil ich als sterblicher Mensch nicht unbeschränkt die Chance zur Vervollkommnung habe, müsse ich mich – wenn überhaupt – hier und jetzt vervollkommnen. Wäre ich nicht befristet, bräuchte ich mit den Vervollkommnungsanstrengungen gar nie anzufangen. Ich könnte sie immer auf morgen vertagen. Die Annahme einer persönlichen Unsterblichkeit wäre also, so sagen Sie, für alle, die sich vervollkommnen wollten, eine zutiefst unmoralische Annahme. Oder noch anders gewendet: Mein Trost sei weder die jenseitige Vollkommenheit noch die Vervollkommnung der Gattung, sondern der Umstand, dass ich mich dank Sterblichkeit der Vollkommenheit nicht aussetzen müsse. Denn Vervollkommnung bedeute gerade die Abwesenheit, die Unerreichtheit von Vollkommenheit. Ich müsse mich weder meiner eigenen anvisierten Vollkommenheit noch der angeblichen Vollkommenheit eines höheren Wesens aussetzen, mit dem uns mangels Vollkommenheit ohnehin die Kommunikationsgrundlage fehle. Der Vollkommenheitsverzicht mache mich frei. Darauf weiß ich Ihnen nichts zu entgegnen.

Und dann zitieren Sie Mark Aurel (XII, 22). Kühn übersetzen Sie das dunkle Wort *hypolepsis*, das man gerne mit «Annahme» oder mit «Überlegung» umschreibt, mit «Urteil». Ihr Zitat lautet dann «Alles ist Urteil, und das Urteil steht in deiner Gewalt.» Sie sagen mir, das sei die für Leben und Sterben entscheidende Einsicht. Die letzten Worte, die Sie an mich richten, lauten: «Mein Urteil bestimmt meine Welt.» So macht man ein geliehenes Leben zum eigenen Leben. Sie gehen Ihren Weg.

Zitierte Werke

Anders = Günther Anders, Die Antiquiertheit des Menschen. Bd. 1: Über die Seele im Zeitalter der zweiten industriellen Revolution, München [9]2002.

Cicero = Marcus Tullius Cicero, Tusculanae Disputationes / Gespräche in Tuskulum. Eingeleitet und neu übersetzt von Karl Büchner, Zürich / Stuttgart [2]1966.

Cruden = Alexander Cruden, A Complete Concordance to the Holy Scriptures of the Old and New Testaments [1737]. With a List of the Proper Names in the Old and New Testaments by Alfred Jones, Hartford (Conn.) o.J. (ca. 1900).

DK = Hermann Diels / Walther Kranz (Hrsg.), Die Fragmente der Vorsokratiker, Berlin [5]1951.

DL = Diogenes Laertius, Leben und Meinungen berühmter Philosophen. Buch I–X. Aus dem Griechischen übersetzt von Otto Apelt, neu hrsg. von Klaus Reich, 2 Bde., Hamburg [2]1967.

Elias, *Einsamkeit* = Norbert Elias, Über die Einsamkeit der Sterbenden in unseren Tagen, Frankfurt am Main 1982.

Elias, *Engagement* = Norbert Elias, Engagement und Distanzierung. Arbeiten zur Wissenssoziologie I, Frankfurt am Main 1983.

Enzensberger = Hans Magnus Enzensberger, Nomaden im Regal. Essays, Frankfurt am Main 2003.

Epiktet, *Diatriben* = Epictète, Entretiens. Texte établi par Joseph Souilhé, Paris 1943.

Epiktet, *Handbüchlein* = Epiktet, Handbüchlein der Ethik. Aus dem Griechischen übersetzt, mit Einleitung und Anmerkungen versehen von Ernst Neitzke, Stuttgart 1987.

Flaubert = Gustave Flaubert, Le dictionnaire des idées reçues, in: Œuvres, hrsg. von Albert Thibaudet und René Dumesnil, Bd. 2, Paris 1952.

Frisch = Max Frisch, Mein Name sei Gantenbein. Roman, Zürich 1964.

Gellius = Aulus Gellius, Noctes Atticae cum indicibus locupletissimis. Ad optimorum librorum fidem accurate editae, Leipzig 1835.

Haller = Albrecht von Haller, Versuch Schweizerischer Gedichte. Eilfte vermehrte und verbesserte Auflage, Carlsruhe 1778.

Kant, *Idee* = Immanuel Kant, Idee zu einer allgemeinen Geschichte in weltbürgerlicher Absicht, in: Gesammelte Schriften, hrsg. von der Königlich Preußischen Akademie der Wissenschaften, 1. Abtheilung: Werke, Berlin / Leipzig 1902–1923, Bd. 8, S. 15–43.

Kospach = Julia Kospach, Letzte Dinge. Ilse Aichinger und Friederike Mayröcker. Zwei Gespräche über den Tod. Mit Assemblagen von Daniel Spoerri, Wien 2008.

Lipsius = Justus Lipsius, Opera omnia, postremum ad ipso aucta et recensita nunc primum copioso rerum indice illustrata, 4 Bde., Wesel 1675.

LS = Anthony A. Long / David N. Sedley, Die hellenistischen Philosophen. Texte und Kommentare, übersetzt von Karlheinz Hülser, Stuttgart 2000.

Lübbe = Hermann Lübbe, Religion nach der Aufklärung, München [3]2004.

Luhmann = Niklas Luhmann, Die Gesellschaft der Gesellschaft, 2 Teilbände, Frankfurt am Main 1997.

Lukrez = Titus Lucretius Carus, De rerum natura libri sex Conradus Müller recensuit et adnotavit, Zürich 1975 / Lukrez, Von der Natur der Dinge. Deutsch von Karl Ludwig von Knebel [1831], hrsg. von Jean Bollack, Frankfurt am Main / Hamburg 1960.

Mark Aurel = Marcus Antoninus Imperator, In semet ipsum libri XII, recognovit Henricus Schenkl. Editio minor, Leipzig 1913 / Marc-Aurèle, Pensées. Texte établi et traduit par A. I. Trannoy. Préface d'Aimé Puech, Paris 1925.

Petersdorff = Dirk von Petersdorff, Durch den Süden, in: Frankfurter Allgemeine Zeitung, 30. Dezember 2008.

Rousseau, *Émile* = Jean-Jacques Rousseau, Émile ou de l'éducation, in: Œuvres complètes, ed. Bernard Gagnebin et Marcel Raymond, Bd. 4, Dijon 1969.

Schleiermacher = Friedrich Schleiermacher, Ueber die Religion. Reden an die gebildeten unter ihren Verächtern, in: Sämmtliche Werke. Erste Abtheilung: Zur Theologie, Bd. 1, Berlin 1843, S. 133–460.

Schopenhauer, *Parerga* = Arthur Schopenhauer, Parerga und Paralipomena. Werke in zehn Bänden. Zürcher Ausgabe, Bde. 7–10, Zürich 1977.

Schopenhauer, *Welt* = Arthur Schopenhauer, Die Welt als Wille und Vorstellung. Werke in zehn Bänden. Zürcher Ausgabe, Bde. 1–4, Zürich 1977.

Seneca, *Quaestiones naturales* = Lucius Annaeus Seneca, Questions naturelles. Texte étatbli et traduit par Paul Oltramare, 2 Bde., Paris 1929.

Seneca, *Schriften* = Lucius Annaeus Seneca, Philosophische Schriften. Lateinisch und deutsch, hrsg. von Manfred Rosenbach. Sonderausgabe, Darmstadt 1995.

Seneca, *Tragödien* = Lucius Annaeus Seneca, Tragedies. With an English Translation by Frank Justus Miller, 2 Bde., Cambridge, Mass. / London 1979–1987.

Spinoza = Benedictus de Spinoza, Die Ethik. Lateinisch und deutsch. Revidierte Übersetzung von Jakob Stern, Nachwort von Bernhard Lakebrink, Stuttgart 1977.

Stendhal = Stendhal (Henri Beyle), Leben des Henri Brulard. Autobiographie. Deutsch von Adolf Schirmer. Mit Nachwort, Anmerkungen sowie Namen- und Sachverzeichnis von Wilhelm Weigand, Zürich 1981.

Stirner = Max Stirner, Das Einzige und sein Eigentum. Mit einem Nachwort hrsg. von Ahlrich Meyer, Stuttgart 1979.

Wolfe = Tom Wolfe, A Man in Full. A Novel, London 1999.

SVF = Ioannes ab Arnim (Hrsg.), Stoicorum Veterum Fragmenta, 4 Bde, Leipzig 1903–1924.

Swift = Jonathan Swift, Gulliver's Travels. An Annoted Text with Critical Essays, hrsg. von Robert A. Greenberg, New York 1961.

Wagner = Falk Wagner, Religion und die Zweideutigkeit der modernen Individualitätskultur, in: Ulrich Barth / Wilhelm Gräb (Hrsg.), Gott im Selbstbewußtsein der Moderne, Gütersloh 1993, S. 140–151.

Zimmermann = Johann Georg Zimmermann, Von der Einsamkeit, Frankfurt / Leipzig 1780.

Weiterführende Literatur

Abel, Günter, Stoizismus und Frühe Neuzeit. Zur Entstehungsgeschichte modernen Denkens im Felde von Ethik und Politik, Berlin / New York 1978.

Appiah, Kwame Anthony, Der Kosmopolit. Philosophie des Weltbürgertums. Aus dem Englischen übersetzt von Michael Bischoff, München 2007.

Barth, Paul, Die Stoa. Zweite, durchgesehene und sehr erweiterte Auflage, Stuttgart 1908.

Becker, Lawrence C., A New Stoicism, Princeton 1998.

Benz, Ernst, Das Todesproblem in der stoischen Philosophie, Stuttgart 1929.

Bonhoeffer, Adolf, Die Ethik des Stoikers Epiktet, Stuttgart 1894.

Brennan, Tad, The Stoic Life. Emotions, Duties and Fate, Oxford / New York 2005.

Campbell, Keith, A Stoic Philosophy of Life, New York / London 1986.

Cancik, Hildegard, Untersuchungen zu Senecas *Epistulae morales*, Hildesheim 1967.

Deleuze, Gilles, Logik des Sinns. Aus dem Französischen von Bernhard Dieckmann, Frankfurt am Main 1993.

Döring, Klaus / Ebert, Theodor (Hrsg.), Dialektiker und Stoiker. Zur Logik der Stoa und ihrer Vorläufer, Stuttgart 1993.

Du Vair, Guillaume, De la Sainte philosophie. Philosophie morale des stoïques. Édition annotée par G. Michaut, Paris 1945.

Edelstein, Ludwig, The Meaning of Stoicism, Cambridge (Mass.) 1966.

Forschner, Maximilian, Die stoische Ethik. Über den Zusammenhang von Natur-, Sprach- und Moraphilosophie im altstoischen System, Stuttgart 1981.

Forschner, Maximilian, Über das Handeln im Einklang mit der Natur. Grundlagen ethischer Verständigung, Darmstadt 1998.

Foucault, Michel, Die Hermeneutik des Subjekts, in: ders., Schriften in vier Bänden. Dits et Ecrits, Bd. 4: 1980–1988, hrsg. von Daniel Defert und François Ewald unter Mitarbeit von Jacques Lagrange, Frankfurt am Main 2005, S. 423–438.

Foucault, Michel, Sexualität und Wahrheit, Bd. 3: Die Sorge um sich. Übersetzt von Ulrich Raulff und Walter Seitter, Frankfurt am Main 1989.

Frede, Michael, Die stoische Logik, Göttingen 1974.

Fuhrmann, Manfred, Seneca und Kaiser Nero, Berlin 1997.

Graeser, Andreas, Zenon von Kition. Positionen und Probleme, Berlin / New York 1975.

Graf, Friedrich Wilhelm / Meier, Heinrich (Hrsg.), Der Tod im Leben. Ein Symposion, München 2004.

Griffin, Miriam T., Seneca. A Philosopher in Politics, Oxford 1976.

Grundriss der Geschichte der Philosophie, begründet von Friedrich Ueberweg. Völlig neubearbeitete [13.] Ausgabe. Die Philosophie der Antike, Bd. 4: Die hellenistische Philosophie, hrsg. von Hellmut Flashar, Basel 1994.

Guckes, Barbara (Hrsg.), Zur Ethik der älteren Stoa, Göttingen 2004.

Hadot, Pierre, Philosophie als Lebensform. Antike und moderne Exerzitien der Weisheit. Aus dem Französischen von Ilsetraut Hadot und Christiane Marsch, Frankfurt am Main ²2005.

Hossenfelder, Malte, Die Philosophie der Antike. 3. Stoa, Epikureismus, Skepsis, München ²1995.

Hülser, Karlheinz (Hrsg.), Die Fragmente zur Dialektik der Stoiker. Neue Sammlung der Texte mit deutscher Übersetzung und Kommentaren, 4 Bde., Stuttgart 1987–1988.

Inwood, Brad, Ethics and Human Action in Early Stoicism, Oxford u. a. 1999.

Inwood, Brad (Hrsg.), The Cambridge Companion to the Stoics, Cambridge 2005.

La Boétie, Étienne de, De la servitude volontaire ou Contr'un suivi de sa réfutation par Henri de Mesmes. Édition et présentation de Nadia Gontarbert, Paris 1993.

Lipsius, Justus, De Constantia. Von der Standhaftigkeit. Lateinisch – deutsch. Übersetzt, kommentiert und mit einem Nachwort von Florian Neumann, Mainz 1998.

Lipsius, Justus, Politica. Six books of Politics or Political Instruction, ed. with translation and introduction by Jan Waszink, Assen 2004.

Long, Anthony A. (Hrsg.), Problems in Stoicism, London 1971.

Maurach, Gregor, Seneca. Leben und Werk, Darmstadt 1991.

Maurach, Gregor (Hrsg.), Seneca als Philosoph. Zweite mit neuer Einleitung und Bibliographie versehene Auflage, Darmstadt 1987.

Meier, Heinrich (Hrsg.), Über das Glück. Ein Symposion, München 2008.

Montaigne, Michel de, Essais. Erste moderne Gesamtübersetzung von Hans Stilett, Frankfurt am Main 1998.

Moreau, Pierre-François (Hrsg.), Le stoïcisme au XVIᵉ et au XVIIᵉ siècle. Le retour des philosophies antiques à l'Âge classique, tome 1, Paris 1999.

Muller, Robert, Les stoïciens. La liberté et l'ordre du monde, Paris 2006.

Neymeyr, Barbara / Schmidt, Jochen / Zimmermann, Bernhard (Hrsg.), Stoizismus in der europäischen Philosophie, Literatur, Kunst und Politik. Eine Kulturgeschichte von der Antike bis zur Moderne, 2 Bde., Berlin / New York 2008.

Nickel, Rainer (Hrsg.), Stoa und Stoiker. Griechisch – Lateinisch – Deutsch. Auswahl der Fragmente und Zeugnisse, Übersetzung und Erläuterungen, 2 Bde., Düsseldorf 2008.

Niehues-Pröbsting, Heinrich, Die antike Philosophie. Schrift, Schule, Lebensform, Frankfurt am Main 2004.

Oestreich, Gerhard, Antiker Geist und moderner Staat bei Justus Lipsius (1547–1606). Der Stoizismus als politische Bewegung [1954], hrsg. und eingeleitet von Nicolette Mout, Göttingen 1989.

Pessoa, Fernando, Baron von Teive. Die Erziehung zum Stoiker, hrsg. von Richard Zenith. Aus dem Portugiesischen übersetzt von Inés Koebel. Mit einem Nachwort von Georg Kohler, Zürich 2004.

Pohlenz, Max, Die Stoa. Geschichte einer geistigen Bewegung, 2 Bde., Göttingen ^{7}1992.

Pohlenz, Max (Hrsg.), Stoa und Stoiker. Die Gründer. Panaitos. Poseidonios, Zürich 1950.

Richter, Sandra: Lob des Optimismus. Geschichte einer Lebenskunst, München 2009.

Rist, John M., Stoic Philosophy, Cambridge 1977.

Rolke, Karl-Hermann, Die bildhaften Vergleiche in den Fragmenten der Stoiker von Zenon bis Panaitios, Hildesheim / New York 1975.

Schofield, Malcolm, The Stoic Idea of the City, Cambridge 1991.

Sellars, John, Stoicism, Berkeley CA 2006.

Sherman, Nancy, Stoic Warriors. The Ancient Philosophy behind the Military Mind, Oxford 2005.

Siedschlag, Karl, Der Einfluss der niederländisch-neustoischen Ethik in der politischen Theorie zur Zeit Sullys und Richelieus, Berlin 1978.

Sommer, Andreas Urs, Zur militärischen Metaphorik im Stoizismus, Bern 2002.

Sommer, Andreas Urs, Die Kunst des Zweifelns. Anleitung zum skeptischen Denken, München 2005.

Stalder, Xaver, Formen des barocken Stoizismus. Der Einfluss der Stoa auf die deutsche Barockdichtung. Martin Opitz, Andreas Gryphius und Catharina Regina von Greiffenberg, Bonn 1976.

Stein, Ludwig, Die Psychologie der Stoa, 2 Bde., Berlin 1886–1888.

Strange, Steven K. (Hrsg.), Stoicism. Traditions and Transformations, Cambridge 2004.

Verbeke, Gérard, Kleanthes von Assos, Brüssel 1949.

Veyne, Paul, Weisheit und Altruismus. Eine Einführung in die Philosophie Senecas. Aus dem Französischen von Holger Fliessbach, Frankfurt am Main 1993.

Weinkauf, Wolfgang (Hrsg.), Die Philosophie der Stoa. Ausgewählte Texte, Stuttgart 2001.

Wildberger, Jula: Seneca und die Stoa. Der Platz des Menschen in der Welt, Berlin / New York 2006.

Personenregister